Hedi Meierhans

Bitte aufwachen

Es geht alles um Liebe und Wissen

Copyright 2020 Hedi Meierhans

Autor: Hedi Meierhans
Umschlaggestaltung, Illustration: Annika Schuerch, Hedi Meierhans
Umschlagfoto: Hedi Meierhans
Lektorat, Korrektorat: Stephan Bartlakowski

Verlag & Druck:
tredition GmbH
Halenreie 40-44
22359 Hamburg

Bibliografische Information der Deutschen Nationalbibliothek:
Die Deutsche Nationalbibliothek verzeichnet diese Publikation in der Deutschen Nationalbibliografie; detaillierte bibliografische Daten sind im Internet über http://dnb.d-nb.de abrufbar.

ISBN Hardcover: 978-3-347-03499-0
ISBN Paperback: 978-3-347-03498-3
ISBN e-Book: 978-3-347-03500-3

Das Werk, einschließlich seiner Teile, ist urheberrechtlich geschützt. Jede Verwertung ist ohne Zustimmung des Verlages unzulässig. Dies gilt insbesondere für die elektronische oder sonstige Vervielfältigung, Übersetzung, Verbreitung und sonstige Veröffentlichungen.

Inhaltsverzeichnis

VORWORT 7

EINLEITUNG 10

WIR SIND PURE LIEBE UND LICHT.
WARUM ERLEBEN WIR DAS ANDERS? 23

WAS UNS DIE NEUE PHYSIK ZEIGT 35

    DAS NULLPUNKTFELD.. 36

    MATERIE IST KONDENSIERTES LICHT, IST INFORMATION............... 40

    DER GEIST WOHNT IN EWIGEN ELEKTRONEN UND IN SCHWARZEN

    LÖCHERN... 45

    ERKENNTNISSE DER MAINSTREAM UND DER NEUEN PHYSIK 53

        Mainstream-Physik 53

        Neue Physik 54

    BIOPHOTONEN UND SKALARWELLEN 60

    NEUE THEORIEN VON CHARON UND HARAMEIN UND IM

    MAINSTREAM.. 71

        Über Photonen, Strahlung und die Bildung von

        Elektron-Positron-Paaren 75

        Die Erkenntnistheorie von Charon 82

        Über die Liebe 89

    BIOPSYCHOPHYSISCHER PARALLELISMUS 108

Die Anatomie der Seele 122

Alles ist Wirbel... 126

Alles was ist, entstand durch Supernovae-Explosionen . 133

FOLGERUNGEN AUS DER PHYSIK UND IHRER ANALOGEN PHÄNOMENE 141

Materie, wie wir sie uns immer vorgestellt haben,

gibt es nicht 141

Das schöpferische Urprinzip des Universums ist das

Schwarz-Loch-Prinzip. Es ist die Gebärmutter des

Universums 144

Unser menschlicher Körper –

ein Universum im Universum 146

Wir sind Kinder der Erde und der Sonne 150

NAHTODERFAHRUNGEN 167

Berichte von Nahtoderfahrenen.................................. 167

Über die Beziehung der Verstorbenen mit den

hinterbliebenen Lebenden 197

ZUSAMMENFASSUNG DER ERKENNTNISSE AUS DER NEUEN PHYSIK UND DEN NAHTODERFAHRUNGEN 202

Was sagen Skeptiker der Nahtoderfahrungen? 213

WAS SIND DIE WICHTIGEN KONSEQUENZEN FÜR UNSER LEBEN? ... 223

EINE NEUE SICHT AUF DEN TOD IM LEBEN ALS ENDE UND NEUER ANFANG ... 223
LIEBE UND RE-LIGIO ... 227
BILDUNG ... 240
WISSENSCHAFT UND FORSCHUNG ... 245
POLITIK ... 258
UNSER PLANET, MUTTER ERDE ... 260
GESUNDHEITSWESEN ... 265
ORGANTRANSPLANTATION ... 273
Warum vermutete Zustimmung zur Organentnahme ein NO GO ist ... *273*

DIE NEUE METAPHYSIK ... 281

DANKSAGUNG ... 292

NACHWORT ... 293

LITERATUR ... 296

ANMERKUNGEN ... 305

Vorwort

Dieses Buch ist geschrieben für Menschen, die sich Fragen stellen über das Woher, Wohin und Warum. Für Lehrer, Politiker, Ärzte und Wissenschaftler, für alle Menschen, die große Verantwortung tragen. Ich wünschte mir, dass sie ihre alten Paradigmen und Definitionen dessen, was sie für möglich halten, für eine Weile vergessen und sich dem schier Unmöglichen öffnen, dabei aber den Blick für die Fakten beibehalten. Der Fortschritt bedingt immer das Loslassen von alten Vorstellungen. Unsere verschiedenen Denkansätze hängen vom individuellen Erfahrungshintergrund und der darauf aufbauenden Fragestellung ab, und auch von unserem achtsamen Blick für das Ganze (Archimedes stieg in die Badewanne und entdeckte den Auftrieb). Die unterschiedlichen Denkansätze, die sich zur Erklärung unserer Welt bewährt haben, sind alle gleich wertvoll und ergänzen sich. Doch unglücklicherweise haben wir die Verbundenheit mit allem, was ist, die frühere Völker noch wahrgenommen haben, vergessen. Nicht zuletzt die modernen Naturwissenschaften haben dazu beigetragen, Teile des Ganzen zu Lasten des

Gesamtbildes zu betonen. Um so erstaunlicher ist es, dass es erneut die Naturwissenschaften sind, die nun zu einem Umdenken beitragen. So ist es vor allem die neue Physik, die dabei hilft, eine Kehrtwende zu machen und den fälligen Paradigmenwechsel einzuläuten. Theoretisch hat dieser Paradigmenwechsel bereits vor geraumer Zeit stattgefunden, doch praktisch wurde er noch nicht umgesetzt.

Der Wechsel von Denksystemen ist immer eine herausfordernde Zeit, in der wir aufgerufen sind, neue Orientierungspunkte für unser Miteinander zu schaffen. Orientierungspunkte, die das Gesamte stärker mit einbeziehen, als wir das bisher getan haben, und die dabei helfen, unsere Fragen nach dem Woher, Wohin und Warum neu zu beantworten. Was wir brauchen, ist eine Ethik, die für alle und alles gilt – und das auf den Grundlagen der neuen Physik und Spiritualität.

Ich habe mich ein ganzes Leben lang mit Menschen und ihren Problemen und Krankheiten beschäftigt und habe selbst schmerzhafte, aber auch bewusstseinserweiternde Erfahrungen gemacht, die mir eine neue Sicht der Welt eröffneten. Mein eigenes Leid und das der Menschen war die Triebfeder, die mich nicht müde werden ließ, Fragen zu stellen und nach neuen Erkenntnissen zu suchen. Ich habe mich daher auch mit Physik befasst, um Materie, Sein und Leben aus dieser Perspektive kennenzulernen. Ich habe dabei Faszinierendes entdeckt: Leben ist im Wesentlichen Kommunikation, vom kleinsten Quant über die Zelle bis zur größten Galaxie. Das Universum ist Information (Intelligenz) und Energie, es ist Geist. Aber diese Erkenntnis ist noch zu wenig verbreitet und im Bewusstsein der meisten Menschen kaum präsent. In den Schulen und Universitäten wurde uns dieses Wissen bisher nicht gelehrt. Es ist also an uns, zu lernen, uns gegenseitig zu lehren und zu erkennen, was da, für uns häufig unsichtbar, vor uns liegt.

Ich wünsche meinen Leserinnen und Lesern ein offenes Herz, um sich inspirieren zu lassen und einen wachen Verstand, um aus dieser Inspiration Handlungen erwachsen zu lassen.

Einleitung

Dogmatismus, sei er religiöser oder wissenschaftlicher Natur, will dem Menschen das Recht absprechen, selbst zu denken und frei zu entscheiden. Heute wäre alles Wissen da, um jeglicher Art des Terrorismus und Dogmatismus den Boden zu entziehen.

Unser Bewusstsein ist grundlegend beteiligt an der Entschlüsselung des Universums und seiner selbst. Die neue Physik, wie sie Nassim Haramein, Hal Puthoff, Konstantin Meyl, Walter Schempp, Edgar Mitchell, Fritz A. Popp, Jean E. Charon, Jules Muheim, Stuart Hameroff, Karl Pribram, Jacques Benveniste u. a. vertreten, hat einen maßgeblichen Anteil an dieser Entschlüsselung. Sie ist entscheidend für ein neues Weltbild. Diese Wissenschaftler haben es gewagt, selbst zu denken und nach der Wahrheit zu forschen. Häufig war das ein Schlag ins Gesicht der traditionellen Wissenschaft, die sich bisweilen dadurch wehrte, dass sie allzu kritische Wissenschaftler von ihren Lehrstühlen vertrieb. Jacques Benveniste fand bspw. heraus, dass das Wasser ein Gedächtnis besitzt. Und obwohl u. a. die Gruppe um Prof.

Madeleine Ennis aus Belfast seine Ergebnisse bestätigte, wurde er bei seinem Tod 2004 noch nicht rehabilitiert. Inquisition – in den Naturwissenschaften ist sie auch heute noch aktiv. Auch Nassim Haramein hat sich nicht von den Lehrmeinungen binden lassen und ist seinen eigenen Weg gegangen – und er wurde damit zu einem erfolgreichen Forscher. Er hat die Theorie eines einheitlichen, fraktalen und holographischen Universums aufgestellt. Sein Paper Quantum Gravity and the Holographic Mass brachte erfolgreich eine Peer Review hinter sich, d. h., es wurde von einer Gruppe Wissenschaftler geprüft und für veröffentlichungswürdig gehalten. Haramein beschreibt ein grundlegendes, pulsierendes Energiefeld – das Nullpunktfeld – durch welches alle Dinge im Universum miteinander verbunden sind und aus dem alles entsteht. Dieses Nullpunktfeld ermöglicht genaue Vorhersagen zu den fundamentalen Eigenschaften des Atoms.[1] Materie ist gebundenes Licht und, so eine grundlegende Erkenntnis dieser neuen Physik, alles ist mit allem verbunden. Alles, was ist, kommuniziert.

Materie, wie wir sie uns immer vorgestellt haben, als feste, kleinste Teilchen, gibt es nicht. Sie ist zu 99,9 % leerer, aber hochenergetischer Raum. Haramein ergründete diesen Raum. Dabei untersuchte er allerdings nicht die kleinsten Teilchen, sondern vielmehr die Struktur des Raumes. Entspricht sie der Schwarz-Loch-Struktur? Kürzlich haben Physiker herausgefunden, dass Schwarze Löcher auch entstehen können, wenn einem Atom durch einen Laser Elektronen entrissen werden. Die positive Ladung des Atoms wird dann zu einem Schwarzen Loch und zieht Elektronen aus der Nachbarschaft an. [2] Harameins Theorie bestätigt genau dies. Früher dachte man, Atome seien zu klein, als dass sich aus ihnen Schwarze Löcher entwickeln könnten.

Nassim Haramein ist nicht der erste Vertreter einer neuen Physik. Vordenker gab es bereits Anfang des letzten Jahrhunderts. Mit der Quantenphysik hat die geniale alte Garde der Nobelpreisträger einen entscheidenden Durchbruch geschafft. Doch an diesem Aufbruch in eine neue Physik waren viele außergewöhnliche Wissenschaftlerinnen und Wissenschaftler beteiligt, nicht nur Nobelpreisträger.

Werner Heisenberg hat die Bedeutung des Subjekts in die Physik eingebracht: Eine Theorie entscheidet, was man beobachten kann. Innerhalb dieses Rahmens sind wir nicht nur Beobachter, sondern Mitschöpfer. Das gilt auch in der Psychologie. Interessanterweise betont der ehemalige amerikanische Astronaut Edgar Mitchell, der Schlüssel zur Funktionsweise der Psyche liege in der Resonanz und Nichtlokalität.[3] Der Schwingungsforscher Alexander Lauterwasser sagt: „Das Bewusstsein in seiner höchsten Form ist ein Resonanzphänomen."

Die göttliche Ordnung spiegelt sich in den Gesetzen der Physik wider. Die Vorstellung einer von uns getrennten Realität ist eine Illusion. Die Wirklichkeit zeigt sich als ein Meer von Möglichkeiten, als Potenzialität. Dieser Schwebezustand der Welt gerinnt erst durch bewusstes Beobachten zu der uns gewohnten Realität.

Auch für Heisenberg war, den Spuren Platons folgend, die Frage nach dem Urfeld wichtiger, als die Suche nach den kleinsten Teilchen. Demokrit glaubte an das kleinste Teilchen in der Materie, während Platon die letzten Bausteine der Materie als mathematisches Gebilde verstanden wissen wollte. Diese Gebilde sind charakterisiert durch ihre Symmetrieeigenschaften und lassen sich in gewisser Weise als die Ideen verstehen, die der Materie zugrunde liegen. Heisenberg hielt die Grundidee von Platon für richtig, nur die mathematischen Gebilde für etwas komplizierter, als sie von Platon angenommen wurden. Für ihn waren die philosophischen Konsequenzen aus der Quantenphysik wichtiger als die technischen.[4]

Jede unserer Handlungen breitet sich wie eine Welle in Zeit und Raum aus, weil wir auch aus Teilchen und Wellen bestehen und miteinander kommunizieren. Das ist im Doppelspalt-Experiment schön zu sehen, wenn man es mit Elektronenstrahlung durchführt und die Messung am Spalt stattfindet: Wenn Elektronen mit Laserstrahlen beobachtet werden, verhalten sie sich wie Teilchen, sonst wie Wellen.[5] Der Beobachter ist vom beobachteten System nicht unabhängig.

Obwohl Heisenberg immer wieder betonte, die philosophischen Implikationen der Quantenphysik seien wichtiger als die technischen, reduzierte man die Quantenphysik auf ihre mechanistischen Aspekte. Sie ist ein Werkzeug, das vor allem zur

Herstellung von Technologie verwendet wird. Die Konsequenzen für unser Weltbild werden heute praktisch nicht mehr hinterfragt, weder gesellschaftlich, noch dort, wo jedwede Technologie ihren Ursprung hat: in der Wissenschaft. Stattdessen wird eine von uns und unserem Einfluss unabhängige Realität als gegeben angenommen.[6] Diesem Weltbild folgend geht es ausschließlich um „Output". Technologie wird zu einem goldenen Kalb, das sich selbst genügt, mit Machbarkeit und Profit als den hauptsächlichen Zielen. Die Forschung ist abhängig von den Sponsoren und den herrschenden Vorstellungen des Mainstreams. Doch die philosophischen Konsequenzen und die Anerkennung unserer Beteiligung an der Schöpfung der Realität wären enorm wichtig für die Zukunft der Menschheit.

Die Ansicht Platons, Materie bestehe nicht aus kleinsten, nicht weiter teilbaren Teilchen, sehen Heisenberg und Haramein bestätigt. Wolfgang Pauli und Werner Heisenberg kreierten eine „Weltformel", die aller Materie zu Grunde liegt. Aus Energie wird Materie. Nicht Urteilchen sind der Schlüssel, sondern ein Urfeld. Auch die Entdeckung neuer Teilchen (bspw. das Higgs-

Boson) im CERN oder anderen großen Teilchenbeschleunigern widerlegen diese Ansicht nicht. Bei Zusammenstößen in den Beschleunigern entstehen zwar neue Teilchen, aber nicht fundamentalere. Diese Teilchen sind Fluktuationen des Nullpunkt-Feldes. Energie wird zu Materie, indem sie sich in die Form des Elementarteilchens begibt. Elementarteilchen können durch Quantenzahlen charakterisiert werden – dies ist jedoch nichts weiter, als eine Aussage über ihre Symmetrie.

Über Heisenberg und Haramein hinaus gibt es weltweit eine ganze Gruppe von Wissenschaftlern, die sich nicht mit den Glaubenssätzen der klassischen Physik zufriedengegeben will. Ihre Forschungen und Erklärungsmodelle setzten dort an, wo die Pioniere der Quantenphysik aufgehört haben. Die englische Wissenschaftsjournalistin Lynne McTaggart fasste bereits vor mehr als 15 Jahren ihre Recherchen zu diesem Thema in dem faszinierenden Buch „Das Nullpunktfeld" zusammen. Die Wissenschaftler, mit denen McTaggert für ihr Buch sprach, kommen alle aus führenden Institutionen und haben einwandfreie Experimente durchgeführt. Ihre Entdeckungen wurden als Angriffe auf die geheiligten

Glaubenssätze der modernen Wissenschaft ignoriert oder gar bekämpft.

Diese Wissenschaftler dachten erneut über Gleichungen nach, die bisher aus der Quantenphysik heraus substrahiert worden waren. Diese Gleichungen standen für das Nullpunktfeld.[7] Sie kamen zum Schluss, dass, auf die fundamentale Ebene reduziert, wir alle aus demselben Material erschaffen sind: aus einer Ansammlung von Quantenenergie, die ständig Informationen mit dem unerschöpflichen Energiemeer, dem Nullpunktfeld, austauscht. Der amerikanische Physiker John Wheeler prägte 1990 den Slogan „It from Bit". Die Idee, die physikalische Realität auf Quanteninformationen zurückzuführen, sei allerdings schon viel älter, sagt der Physiker Thomas Görnitz.[8] Der Ursprung der neuen Physik, welche eine absolute Quanteninformaton als Grundlage der Realtiät begreife, liege bereits in den 1950er Jahren. Es hätte mit C. F. von Weizsäckers Überlegungen zur Ur-Theorie begonnen. Weizsäcker postulierte, dass man alle wissenschaftlichen Aussagen auf eine Abfolge binärer Alternativen zurückführen könne – und dass das nicht nur als eine erkenntnistheoretische , sondern auch als eine ontologische Aussage verstanden werden solle, sich also auf die fundamentale Struktur des Seienden beziehe (Licht/Liebe,Information/Kraft, denke ich). Die Ur-Theorie hatte das Ziel, die Vielfalt der physikalisch beschreibbaren Realität letztlich auf Quantenbits, die Ur-Alternativen, zurückzuführen. 1972 legte von Weizsäcker eine Abschätzung vor, mit welchen Größenordnungen man wohl zu rechnen habe. Die Widerstände gegen die Schlussfolgerungen aus Weizsäckers Ur-Theorie seien ungeheuer gewesen.

Auch unser Denken funktioniert entsprechend den Quantengesetzen. Möglicherweise breiten sich unsere Gedanken über Skalarwellen aus. Kommunikation in der Biologie läuft, wie Konstantin Meyl betont, über Skalarwellen – und die Biophotonenstrahlung ist ein Spezialfall einer Skalarwelle. Die menschliche Wahrnehmung vollzieht sich aufgrund von Wechselwirkungen zwischen den subatomaren Teilchen unseres Gehirns, Biophotonen und dem Meer von Quantenenergie im Nullpunktfeld, mit dem wir immer in Resonanz stehen.[9] Wir nehmen aber nur das auf, zu dem wir eine Resonanz haben. Bewusstsein ist ein Resonanzphänomen und in biologischen Resonanzsystemen sind es die Skalarwellen, die hier wirksam Informationen übermitteln.

In der neuen Physik liegt auch der Schlüssel zum Verständnis von Nahtoderfahrungen, die uns demonstrieren, dass Leben nicht mit dem Tod zu Ende geht, dass Leben, genau genommen, niemals zu einem Ende kommt. Nahtoderfahrene können mit Verstorbenen kommunizieren und erleben übermenschliche Liebe. Antworten werden gegeben, noch bevor die Fragen überhaupt formuliert wurden. Nahtoderfahrene wissen nach ihrer „Rückkehr" ganz genau, auf was es in unserem Leben ankommt und wie sich unser Leben auf das Ganze auswirkt. Liebe und konstruktiv angewendetes Wissen ist für alles förderlich, das Gegenteil ist schädlich. Uns nur auf Geld und Wirtschaftswachstum zu konzentrieren, erscheint aus dieser Perspektive antievolutionär.

Offenbar existieren die Verstorbenen in verschiedenen Sphären des Nullpunktfeldes, abhängig davon, wie viel kohärentes Licht und

Liebe sie mitbringen. Die Verstorbenen empfangen unsere Gedanken, aber wir können die ihren in unserem Körper nur empfangen, wenn unsere Zirbeldrüse aktiv ist, die im Zusammenhang mit dem Stirnchakra steht. In der frühen Kindheit ist diese Drüse noch aktiv. Später degeneriert sie bei den meisten Menschen, weil die Kinder dazu erzogen werden, nur die materielle Welt als real wahrzunehmen. Zudem müssen die Frequenzen unserer Gedanken und Gefühle kohärent und relativ hoch sein, wenn das Stirnchakra offen ist, sonst kann es beschädigt werden. Außerdem ist unser Gehirn ein Frequenzanalysator, es kann zu unserem Schutz nicht alle Frequenzen aus dem Nullpunktfeld aufnehmen.

Auch wenn wir aufgrund unserer Sozialisation nicht mehr in der Lage sind, in einen direkten Kontakt mit Verstorbenen zu treten, so können sie uns doch inspirieren: Eine Idee, ein Gedankenblitz, eine plötzliche Eingebung kann von ihnen kommen. Es ist für unseren Verstand auch kaum zu fassen, was im Nullpunktfeld oder „Jenseits" vor sich geht. Doch das ist auch nicht zwingend notwendig. Wichtig ist, dass wir erkennen, dass im Universum nichts verloren geht und alles

Kommunikation, Licht und Liebe ist. Auch alle Informationen von uns Menschen sind im Nullpunktfeld gespeichert, sagt die neue Physik. Ervin Laszlos stellt die Möglichkeit zur Diskussion, dass es eine Art von Internet gibt, in die Natur eingebettet, mit dem unser Gehirn kommunizieren kann. Wie Walter Schempp ist er der Ansicht, dass sich unser Gedächtnis zu einem großen Teil im Nullpunktfeld befindet, da es kaum möglich erscheint, 280 Trillionen Bits an Informationen, die wir etwa im Alter von 70 Jahren gespeichert haben, biochemisch zu erklären.[10] Fritz Albert Popp hat herausgefunden, dass die Steuerung der Prozesse in den Zellen nicht über elektrochemische Reaktionen läuft, sondern über die Biophotonen-Strahlung, also Skalarwellen.[11] Das Nullpunktfeld könnte demnach als Gehirn des Universums bezeichnet werden.

Auch in der neuen Physik kommt man immer an den Punkt, an dem man sieht, dass dieses kosmische Gehirn, diese universelle Intelligenz und das Ich-Bin, einen Schöpfer erfordern. Max Planck sagte z. B. in einem Vortrag über Naturwissenschaft und Religion: „Gott steht für die einen am Anfang, für die andern (die Naturwissenschaftler – Anm. der Autorin) am Ende allen Denkens."[12] Was diese Urkraft, aus der alles entsteht, wirklich ist, versucht man auch am CERN herauszufinden. Wir sind durch das Universum immer mit dem Schöpfer verbunden. Das Bewusstsein des Nullpunktfeldes ist das Bewusstsein des „Sohnes", des Christus, der sagte: „Niemand kommt zum Vater, denn durch mich." (Johannes 14.6) Wir sind die Ebenbilder des Schöpfers und immer verbunden mit ihm. Wir sind nie allein. Die neue Physik gibt uns unsere Würde zurück. Jeder Mensch ist ein Teil des Schöpfers in Aktion, daher ist jeder Mensch wertvoll und wichtig.

Wir sind pure Liebe und Licht. Warum erleben wir das anders?

Die Begrenzung, die wir durch unser Gehirn, unseren Verstand erleben, ist für die Entwicklung einer Persönlichkeit notwendig. Der Schöpfer macht durch uns Erfahrungen, indem wir auf dieser Erde Erfahrungen machen und eine große Bandbreite an Emotionen entwickeln. Wir spielen unsere Rolle auf der Bühne dieses Planeten, bis wir das Spiel durchschaut haben. Wir erschaffen uns unsere Realität als Hölle oder Paradies – und wir dürfen immer wieder aufs Neue entscheiden, welchen Weg wir gehen wollen. Wenn wir uns für Liebe und konstruktiv angewendetes Wissen entscheiden, sind wir im Einklang mit dem Universum, mit dem Schöpfer. Gesundheit oder Krankheit hängen von unseren Gedanken und Gefühlen ab, d.h. von Informationen, Skalarwellen, die sich harmonisch oder disharmonisch auf unsere Zellen auswirken. Daher ist es so wichtig, in Harmonie zu sein und Disharmonien aufzudecken, um sie in Harmonie umzuwandeln. (Aber auch

Toxine schädigen die Kohärenz der Biophotonen-Skalarwellen in unseren Zellen.)

Gestört wird diese Harmonie schon früh. So machen die meisten Kinder direkt nach der Geburt erste Erfahrungen von Getrenntsein. Ursache dessen ist das bewertende und abwertende Verhalten der Eltern. Kinder zeigen Bedürfnisse, die von ihren Eltern nicht immer verstanden und erfüllt werden können. Die Reaktionen der Eltern auf nicht entschlüsselbare Bedürfnisse ihrer Kinder sind nicht selten Ungeduld und Ärger. Die Bewertung, die das Kind in diesen Zusammenhängen von seinen Eltern und seinem Umfeld lernt, ist: Verhalte ich mich auf eine Art, die den Eltern gefällt, bin ich gut – andernfalls bin ich böse. Kinder wachsen mit diesen Bewertungen auf, wie auch ihre Eltern mit solchen Bewertungen aufgewachsen sind. In der Regel werden diese Bewertungen unbewusst von einer Generation an die nächste weitergegeben. Unter anderem sind diese Muster in der linken Gehirnhälfte gespeichert. Wenn das Kind bei seinen Erkundungen der Welt bestraft wird, empfindet es sich als minderwertig und es fängt an, um die Anerkennung und Wertschätzung der Eltern zu kämpfen. Das ist auch häufig die Stelle, an der Konkurrenzdenken ins Spiel kommt: Nur, wenn ich besser, schöner, stärker … bin, als …, werde ich wirklich geliebt. Konkurrenzdenken fördert Abwertung. Wenn sich das Kind nicht angenommen und verstanden fühlt, kommt Einsamkeit auf. Einsamkeit bedeutet Getrenntheit, Isolation. Wird das Kind hingegen geliebt, fühlt es sich verbunden und glücklich. Handlungen die von wichtigen Bezugspersonen, wie den Eltern, häufig als „nicht recht" bewertet werden, schreiben sich als negative Glaubenssätze tief ins Gehirn des Kindes und ins Nullpunktfeld. Gedanken wie: „Ich bin nicht recht", werden dann zu einer unbewussten Richtschnur für das eigene Leben. Wird ein solcher Mensch dann doch einmal gelobt, kann er diese positive Bewertung kaum annehmen. So kann sich bspw. eine Sozialphobie entwickeln. Das Kind und der spätere Erwachsene haben Angst, ihre Meinung zu sagen, weil sie eine tiefsitzende Angst davor haben, abgelehnt zu werden. Da er von sich selbst glaubt, nicht gut genug zu sein, glaubt er, alle anderen würden ebenfalls so über ihn denken. Dieser Mensch hat kein oder wenig Selbstwertgefühl entwickeln können und glaubt nicht an sich, an die eigenen Fähigkeiten und an seine machtvolle Rolle bei der Erschaffung und Mitgestaltung einer gelebten Realität.

Wir glauben nicht, was wir sehen, sondern wir sehen, was wir glauben. Das Gehirn entwickelt sich von Kind an zum Filter unserer Wahrnehmung. Zu diesem faszinierenden Tatbestand wurden an der Harvard University Experimente gemacht: Eine Gruppe junger Kätzchen wuchs in einem Raum mit nur horizontalen Streifen auf, eine andere in einem Raum mit vertikalen Streifen. Als man die Kätzchen nach einigen Wochen herausnahm, konnten die einen nur horizontale Streifen erkennen, die anderen nur vertikale. Man nennt das PCC: Premature Cognitive Commitment (auf frühkindlicher Sinneserfahrung beruhende Festlegung).

Der Minderwert, die fehlende Selbstliebe und die daraus folgenden Kommunikationsprobleme sind die größten Herausforderungen der Menschheit. Unsere Selbstwert-Skala reicht dabei von relativ gut bis zu sehr schlecht. Die Mechanismen sind immer die gleichen: Wir wachsen mit Bewertungen auf, was zur Erfahrung von Getrenntheit führt. Diese Information ist in unseren Spiegelneuronen gespeichert. Bei jeder ähnlichen Erfahrung kommt diese Information unbewusst erneut wieder an die Oberfläche. Wir bemerken das dann bspw. daran, dass wir in verschiedenen Situationen emotional überreagieren. Mit dem Gehirn entwickeln wir ein Bewusstsein, das auf dem Ego basiert. Das Ego sucht Anerkennung und Liebe im außen, weil es sein eigenes göttliches Bewusstsein, das Licht/Liebe ist, vergessen hat. Das, was wir glauben zu sein, ist nur unser Schatten. Wenn wir uns im Bewusstsein des Herzens befinden, sind wir in unserem wahren Selbst. Die Transformation, die ansteht, ist die vom egobasierten zum herzbasierten Bewusstsein. Es ist ein langer, bisweilen schmerzhafter Weg, während dessen wir uns in unserem Ego tummeln. Zugleich ist es aber auch ein spannender und kreativer Weg, bis wir merken, dass wir unbewusst auf der Suche nach unserer Göttlichkeit sind. Wenn wir unseren Schmerz verurteilen, das ist eine der Lektionen auf diesem Weg, werden wir ihn nicht los. Nur durch Mitgefühl, Verständnis und Verzeihen können wir ihn transformieren. Schuldgefühle, Angst und

Depression lassen den Gefühlen von Liebe und Freude kaum Raum zur Entfaltung. Darum ist es so wichtig, dass wir klären, was hinter unseren Ängsten und unseren abwertenden Gedanken steckt. Dann können wir den Weg der Transformation gehen.

Immer wurden, abhängig von Kultur und Zeitalter, Werte und Definitionen von Machthabern bestimmt. Diese Normen müssen von jedem Einzelnen hinsichtlich der Frage überprüft werden, ob sie dem göttlichen Willen und der Wahrheit entsprechen oder nicht. In diesem Zusammenhang ist das Buch Genesis des Alten Testamentes sehr interessant. Von der Erschaffung der Welt gibt es zwei Versionen. Die erste beruht auf alten Texten, die etwa um 1000 v. Chr. entstanden sind. In dieser Schöpfungsgeschichte werden Mann und Frau gleichzeitig aus Lehm erschaffen. *„Er erschuf Mann und Frau, Gott segnete sie und sprach: ‚Vermehrt euch, füllt die Erde und macht sie euch untertan, ich gebe euch alle Pflanzen auf der Erde, die Samen tragen und alle Bäume, die Früchte tragen.'"* (1. Mose 1,27) Die Frau war also in keiner Weise dem Mann untergeordnet. Beide hatte ihre eigene Identität, jede und jeder war einzigartig. Ein zweiter Schöpfungsbericht entstand einige Jahrhunderte später. Darin legte der Verfasser den Grundstein für die Hegemonie der Männer. Hier schafft Gott nur Adam aus Lehm. Eva entstand aus einer Rippe des Mannes. Dieser konnte bezeugen: *„Sie ist Bein von meinem Bein und Fleisch von meinem Fleisch, sie wird Frau genannt, denn sie ist vom Manne genommen."* (1. Mose 2,23) Da haben wir die Bescherung, die Identität der Frau verschwindet einfach. Und es kommt noch besser: *„Deine Wünsche sollen dem Manne entgegenkommen, und du sollst ihm untertan sein."* Diese Philosophie hat der Frau ihren natürlichen Wert genommen und wirkt sich bis heute aus. Vor allem in den dogmatisch-religiös geprägten Kulturen verteidigen die Männer ihre daraus abgeleiteten Privilegien oder bauen sie sogar noch aus. Wahre Liebe zwischen Mann und Frau setzt Gleichberechtigung voraus. Wenn sich jemand nicht wertvoll fühlt, kann er/sie sich auch nicht lieben. Um geliebt zu werden, muss man sich selbst lieben. Das wird dann nach dem Gesetz der Resonanz gespiegelt. Wir machen also in dieser dualen Welt die Erfahrung der Getrenntheit, der

Einsamkeit, des Nicht-Geliebt-Werdens. Dadurch entsteht das Leid, das uns die Möglichkeit gibt, Mitleid und Mitgefühl zu entwickeln. Wir erfahren eine riesige Bandbreite an Gefühlen; das ist offenbar einzigartig und nur in der Dualität möglich. Wir erleben uns auch als Schöpfer – im Positiven wie im Negativen. Von der Herstellung einer guten Speise bis zur Mondlandung, von der Gründung eines Unternehmens bis zum Planen eines Angriffskrieges – alles sind Schöpfungsakte.

Ca. 70 % der Patienten, die ihren Hausarzt aufsuchen, leiden unter psychosomatischen Problemen. Sie zeigen Störungen des Körpers durch die Psyche und Störungen der Psyche durch den Körper. Das zeigt ganz deutlich, wie sich unser Denken und Fühlen auf unseren Körper auswirkt, was bspw. durch Forschungen von Prof. William Tiller, der u. a. an der Stanford Universität lehrte, bestätigt wurde (feinstoffliches Energiemodell). Wir sind Schöpfer unserer Realität.

Es ist der Menschheit bis jetzt nicht gelungen, eine glückliche Welt für alle zu schaffen, doch in den modernen Demokratien haben Menschen recht große Möglichkeiten, sich zu entfalten. Solange wir nicht begreifen, dass jeder Mensch gleich wertvoll ist und keiner den anderen abwerten und erniedrigen muss, um sich besser zu fühlen, herrscht eine Disharmonie. Die Religionen, die ursprünglich die Menschen lehren und erleuchten wollten, haben viele kulturelle Schätze hervorgebracht. Doch das geschriebene Wort wurde häufig „angepasst", wie wir zuvor gesehen haben, und führte früher oder später beinahe immer in eine Dogmatisierung. Was ursprünglich der Befreiung diente, wird einschränkend oder gar behindernd für die Entwicklung des Menschen. Jesus hat das gesehen, ihm ging es um das lebendige Wort, um das Licht. Licht ist reine Information. Eine frische Birne vom Baum ist etwas anderes, als eine Konserve; die verliert an Geschmack und Vitaminen.

Der freie Wille ist unser Geburtsrecht. Ohne den freien Willen können wir uns nicht zu einer Persönlichkeit entwickeln, deshalb haben wir ihn bekommen. Weil es der Schöpfergeist selbst ist, der in uns wirkt, kann der Schöpfer kein Interesse an Marionetten haben. Das beinhaltet ebenfalls, dass wir auch die Verantwortung für unsere Entscheidungen übernehmen müssen, weil die

Konsequenzen unseres Handelns auf uns zurückfallen. Aber auch, wenn wir im Nachhinein sehen, dass unsere Entscheidung falsch war, gibt uns das die Möglichkeit, etwas daraus zu lernen. Wir haben eine wichtige Erfahrung gemacht. Fehler sind zum Lernen und Verzeihen da. Ohne Fehler zu machen ist diese Lehre nicht möglich. Wie sagte schon Jesus: *„Wer ohne Sünde ist, werfe den ersten Stein."* (Johannes 8,7)

Doch wer hat das Recht, uns zu sagen, was wir essen dürfen und wie wir uns kleiden sollen? Sicher gibt es Nahrungsmittel, die für den Körper bekömmlicher sind als andere, aber das merken wir dann in der Regel schon selbst. Wichtig wäre zwar, weniger Fleisch zu essen und eine artgerechte Tierhaltung zu pflegen. Doch Menschen zu lehren oder sie zu zwingen, ist nicht dasselbe. Man kann niemanden zum Guten zwingen. Dieser Versuch hat auch die ursprüngliche Idee des Kommunismus korrumpiert. Teilen muss freiwillig sein. Die Entwicklung eines Menschen kann nicht erzwungen werden, sie braucht Zeit und kann nur freiwillig und durch Einsicht und Liebe geschehen. Leider gibt es heute noch viele Menschen, die glauben, anderen Menschen ihre Meinung aufzwingen zu müssen. All das zeugt vom Abgeschnittensein von der Quelle, von einem illusionären Seinsverständnis. Es ist paradoxerweise die Physik, die uns maßgeblich zu einem neuen Verständnis unserer Existenz führt und die Nahtoderfahrungen unterstützen diese neuen Theorien. Es ist die Physik, die uns das Fenster zum Geist öffnet. Nicht nur durch die Quantenphysik von Heisenberg und die Relativitätstheorie von Einstein. Der Physiker Jules Muheim schrieb mir einst als Kommentar unter einen meiner Artikel: *„Der Aufstieg in der Schöpfung geht nur über die Liebe. Das wahre Naturgesetz ist die Liebe."*

Die Quantenphysik zeigt, dass die Trennung von Geist und Materie eine Illusion ist, nicht zuletzt, weil Materie Information ist. Die Zellen unseres Körpers stehen in dauernder Kommunikation mit unserer Ich-bin-Gegenwart und der Außenwelt. Wie wir später noch sehen werden, ist Leben Kommunikation und Resonanz.

Das Ego ist im Zusammenhang mit unserem Körper entstanden. Unser wahres Selbst ist – und war es schon immer – vollkommen, ein Teil des göttlichen Geistes, reine Lichtliebe. Das kann man als Mensch nur bei Nahtoderfahrungen oder spirituellen Erfahrungen erleben. Das Verhältnis von Ego zum wahren Selbst ist wie das des Mondes zur Sonne. Unser wahres Selbst wollte aber die Materie kennenlernen, sich in einen menschlichen Körper begeben, die scheinbare Abgeschnittenheit von der Quelle erleben, um sich nach langer Zeit im menschlichen Körper erneut zu erkennen. Jesus Christus sagte: *„Ich bin das Licht der Welt"* (Johannes 8,12) und *„Ich und der Vater sind eins."* (Johannes 10,30) Und er sagte auch: *„Ihr seid Götter."* (Johannes 10,34; wobei Jesus sich auf Psalm 82,6 beruft) Er war ganz mit seinem hohen Selbst verbunden und daher eins mit der Quelle, die er Vater nannte. Sein Ziel war es, uns die Einheit im Geiste zu erklären, den Weg zu unserem wahren Selbst. Und er tat dies im Kontext seiner eigenen Kultur.

Was uns die neue Physik zeigt

Wer sich nicht intensiv mit Physik befassen will, kann auch zum nächsten Kapitel springen.

Die Physik ist sehr viel interessanter und großartiger, als ich je gedacht hätte. Leider haben die meisten Menschen von Biophotonen, Skalarwellen und dem Nullpunktfeld bisher wenig gehört. Mein eigenes Bewusstsein hat sich jedoch durch die Beschäftigung mit diesen Modellen stark geweitet. Besonders die aktuellen Erkenntnisse über Schwarze Löcher faszinieren mich sehr.

Das Grundlegende in der neuen Physik ist Kommunikation. Das Universum ist ein Energie-Meer, das alle Objekte enthält. In diesem Vakuumfeld (seit kurzem: Nullpunktfeld) kommuniziert und resoniert alles in einem wechselseitigen Miteinander.

Das Nullpunktfeld

Dieses sehr komplexe Feld beinhaltet verschiedene weitere Felder. Alle Wellen pflanzen sich dort fort, auch Skalarwellen. Skalarwellen sind Longitudinalwellen, eine Wellenart aus der Laplace-Gleichung. Elektromagnetische Wellen sind Transversalwellen.

Früher nannte man das Nullpunktfeld Äther. Dieser Begriff wurde jedoch weitestgehend aus der Wissenschaft entfernt, weil er den Physikern ein Dorn im Auge war. Das Konzept des Äthers, als Medium für die Ausbreitung von Licht, spielt seit dem ausgehenden 17. Jahrhunderts bis in unsere Zeit hinein in der klassischen Physik eine Rolle. Da der Äther nicht mess- und wägbar ist, und möglicherweise auch aufgrund der Verwendung des Begriffs in esoterischen Zusammenhängen, hat sich die klassische Physik weitestgehend vom Ätherbegriff abgewendet. In der neuern Physik gibt es vereinzelt Stimmen, die bspw. das Quantenvakuum als Äther bezeichnen. Insgesamt jedoch gilt in der Mainstream-Physik die Existenz des Äthers als wissenschaftlicher Irrtum.[13]

Das Konzept des Nullpunktfeldes entwickelte sich im 20. Jahrhundert. Die Raumzeit ist ein mit virtueller Energie gefülltes physikalisches Medium. Virtuell deshalb, weil die Partikel nur existieren, während der Energieaustausch stattfindet. Man nennt diese Energie Nullpunkt-Energie, weil ihre Fluktuationen auch dann noch nachweisbar sind, wenn die Temperaturen unter dem absoluten Nullpunkt (minus 273 °C) liegen.

Das Nullpunktfeld interagiert mit allem, was sich darin bewegt. Sogar die Stabilität des Atoms ist auf eine Interaktion mit dem Nullpunktfeld zurückzuführen.[14] Photonen z.B. sind Informationsträger im Nullpunktfeld. Auf der Ebene von Leben sind es u.a. die Biophotonen, die diese Aufgabe übernehmen, wie Fritz A. Popp, Entdecker der Biophotonen, feststellte. Prof. Anton Zeilinger aus Wien konnte beweisen, dass die spukhafte Fernwirkung der Photonen, wie Einstein das Phänomen der Nichtlokalität und Verschränkung nannte, wirklich existiert.[15] Nach Einstein ist das Nullpunktfeld *„unsere einzige Wirklichkeit"*. Und Max Planck bezeichnete es als den Urgrund der Materie.

Das Nullpunktfeld ist auch holografisch. Das holografische Feld ist kein elektromagnetisches Feld, denn die Wellen erzeugen ein für Hologramme typisches Welleninterferenzmuster. Das Phänomen der Nicht-Lokalität wird mit Skalarwellen erklärt: Interferenzmuster, die durch Skalarwellen erzeugt wurden, produzieren sogenannte Schrödinger-Hologramme, die Phaseninformationen speichern. Solche Informationen finden sich in verteilter Form an allen Punkten innerhalb des Bereichs der Wellenfronten. Dies erklärt, warum innerhalb eines bestimmten großen Bereichs eine sofortige Korrelation der Teilchen stattfindet. Die Ausbreitungsgeschwindigkeit von Skalarwellen ist variabel, sie kann größer sein als Lichtgeschwindigkeit. Im Nullpunktfeld ist alles mit allem verbunden, aber nicht gleich intensiv. Skalarwellen funktionieren nach dem Prinzip der Resonanz. Die intensivste Kommunikation findet also zwischen Dingen statt, die sich ähnlich sind.[16]

Haramein ist der Ansicht, dass das Nullpunktfeld auch eine Schwarz-Loch-Struktur enthält. Das bedeutet, dass das Nullpunktfeld eine hoch strukturierte kohärente Energie ist, die das

Atom nährt und die Dynamik produziert, die wir als Partikel- und Elektronendynamik sehen können. Aus der Sicht von Haramein wird die starke Kraft zu einer Gravitationskraft in der Umgebung eines kleinen Schwarzen Lochs, welche durch die Nullpunktfeldstruktur erzeugt wurde.

Das Nullpunktfeld ist also ein riesiger, äußerst komplexer Informationsspeicher. Eine der wichtigsten Erkenntnisse der Quantenphysik ist, dass die subatomaren Partikel keine Bedeutung als isolierte Teilchen haben, sondern nur in ihrer Beziehung zu allem anderen. Dinge, die einmal in Kontakt miteinander gekommen sind, behalten diesen Kontakt über Raum und Zeit hinweg.[17] Das Nullpunktfeld ist eine Art „kosmisches Internet", das Bewusstsein des Kosmos, ein Kollektiv-Bewusstsein, das Christusbewusstsein, das schöpferische Licht des ewigen Lebens. Wir Menschen sind mit unserem „persönlichen Internet" und Ich-Bewusstsein, ein Teil davon und verbunden mit dem großen „kosmischen Internet" und Bewusstsein. Eine Verbindung, derer wir uns meist nicht bewusst sind.

Materie ist kondensiertes Licht, ist Information

Wie wir sehen werden, ist das Licht (Photonen, kleinste Einheiten von Licht) immer an Kommunikation und Erkenntnis beteiligt. Wir kommunizieren mit der Materie der Außenwelt durch unsere Sinnesorgane, aber unser Ich-Bin, die entscheidende Instanz, entzieht sich der naturwissenschaftlichen Erkenntnis. Das Ich-Bewusstsein kann nur durch Reflexion der Erfahrungen erforscht werden. Nach Charon u.a. sind die Erfahrungen jedoch in den Elektronen gespeichert, in den Lichtmustern der Photonen. Man weiß heute, dass jede unserer Zellen alle unsere Gedanken, Worte und Taten gespeichert hat und dass diese mit dem Äther, resp. dem Nullpunktfeld, kommunizieren. [18] Pribram u. a. haben herausgefunden, dass unser Gehirn nicht in erster Linie in Bildern und Worten mit sich und dem Rest des Körpers, ja nicht einmal in Bits und chemischen Impulsen, spricht, sondern in Welleninterferenzen. Wir nehmen ein Objekt wahr, indem wir in Resonanz mit ihm treten und unsere Schwingungen mit denen des Objekts synchronisieren. Nach dem Sehen, so folgert Pribram, muss das Gehirn die Information in Wellenfrequenzmuster umsetzen und diese wie ein Netzwerk über das gesamte Gehirn verteilen. Das Abspeichern von Erinnerungen in Form von Wellen-Interferenzmustern ist sehr effizient. Pribrams Theorien wurden von Forschern bestätigt, die ihn widerlegen wollten, z. B. vom Biologen Paul Pietsch. Auch das Neurophysiologen-Ehepaar Russell und Karen DeValois in Berkeley bestätigten seine Theorie. Pribram hat außerdem gezeigt, dass das Gehirn ein scharf unterscheidender Frequenzanalysator ist. Er demonstrierte, dass es im Gehirn einen Mechanismus gibt, der wie ein Filter auf die im Prinzip unbegrenzten Welleninformationen wirkt und dadurch verhindert, dass wir von sämtlichen Welleninformationen des Nullpunktfeldes überflutet werden.[19] Peter Marcer war der Ansicht, dass Walter Schempps MRT-Maschine genau nach dem Prinzip funktionierte, das Karl Pribram für die Aktivität des menschlichen Gehirns ausgearbeitet hatte: indem sie natürliche Strahlung und Emissionen aus dem Nullpunktfeld ablas. Unser Gedächtnis befindet sich z.T. im Nullpunktfeld.

Wenn man auch noch so lange durch das Gehirn irrt, man wird dort keine Seelenstimmung entdecken, meinte Paul Valéry. Wilder Penfield, der als Vater der Neurochirurgie bezeichnet wird, hat eine Landkarte des Gehirns erstellt und glaubte sehr lange, dass das Gehirn den Geist produziere. Er schrieb in großen Lettern die Worte BRAIN = MIND auf einen Felsen auf seinem Landgut. Im schon höheren Alter ging er eines Tages bei Regen und Nebel zu seinem Felsen und strich das „=" durch. Das Gehirn ist zwar in seinen Elektronen auch Träger des Geistes, aber das Ich-Bewusstsein ist nicht Materie, es ist unsere bewusste Steuerung und bringt etwas in Bewegung. Materie lässt sich viel mehr als die Struktur des Lichts beschreiben. Neurowissenschaftler können das Gehirn noch so sehr untersuchen, sie werden das Ich-Bewusstsein oder die Seele nicht finden, ebenso wenig, wie sich die Liebe im Herzmuskel finden lässt.

Jeder über das Leben nachdenkende Mensch kommt irgendwann in Kontakt mit der Materie-/Geist-Frage. Dennoch wird in dieses Forschungsgebiet praktisch kein Geld investiert, obgleich die Frage nach dem Zusammenhang von Geist und Materie jeden von uns grundlegend betrifft, weil unser Handeln von unserem Weltbild abhängt. Stattdessen sieht es so aus, als wollten die Mainstream-Naturwissenschaftler an unseren Universitäten den Geist abschaffen (oder als Esoterik abwerten) und alles aus der Materie heraus erklären. Was fürchten sie? Werner Heisenberg und Max Planck sagten doch deutlich: Der Geist schafft die Materie. 1944 schlussfolgerte Max Planck in Florenz: *„Als Physiker, der sein ganzes Leben der nüchternen Wissenschaft der Erforschung der Materie widmete, bin ich sicher von dem Verdacht frei, für einen Schwarmgeist gehalten zu werden. Und so sage ich nach meinen Erforschungen des Atoms dieses: Es gibt keine Materie an sich. Alle Materie entsteht und besteht nur durch eine Kraft, welche die Atomteilchen in Schwingung bringt und sie zum winzigsten Sonnensystem des Alls zusammenhält."* [20] Weiter sagte er, man müsse hinter dieser Kraft die Existenz eines bewussten und intelligenten Geistes annehmen. [21] Das ist meiner Meinung nach der Christus-Geist, der Geist des „Sohnes", denn der Vater ist Einheit, unmanifestiert.

Meine Erfahrungen mit der Sonne, die ich später erläutere, zeigen mir, dass Licht Information ist, und zwar auf jeder Ebene, und dass Materie durch die Naturgesetze gebundenes Licht darstellt. Materie, wie wir sie uns immer vorgestellt haben, gibt es nicht.

Der Geist wohnt in ewigen Elektronen und in Schwarzen Löchern

Jean E. Charon ist ein französischer Nuklearphysiker und Philosoph. Ich habe seine Bücher „Tod, wo ist dein Stachel" und „Der Geist der Materie" studiert, welche er in den 70er Jahren geschrieben hat. Charon hat aus der Quantenphysik die Unsterblichkeit des Bewusstseins hergeleitet und den berühmten Satz von Descartes: *„Ich denke, also bin ich"* in: *„Ich bin, was ich denke"* abgewandelt.[22] Das stimmt aber nur für unser Ego, wie wir später noch sehen werden. Sein bedeutet, wahrgenommen zu werden, meinte Berkeley. Charon beschreibt es so: Wir sind reiner Geist, der mit einer „Außenwelt" in Beziehung steht, doch dieser Geist (das Ich-Bin) führt ein „Fühlersystem" mit sich, ein System, das auch der Außenwelt angehört. Dieses System nennen wir Körper (Haramein formuliert in diesem Zusammenhang, wir seien eine Sonde in der Raumzeit).

Wir wissen alle, dass wir aus Atomen aufgebaut sind. Atome besitzen einen Kern, der von einer Elektronenwolke umgeben ist. Das heißt, man sieht die Elektronen nicht, sie lassen sich nur indirekt, an ihren Wechselwirkungen, nachweisen. Das Atom ist zu 99,9 % leerer Raum. So schlicht diese Information auch erscheint, so schwer ist es, sie zu begreifen. Unser Körper und die ganze Welt ringsherum wären dann eigentlich nur Schatten. Ich erwähne das, weil dieser Tatbestand uns zeigt, dass die Welt, die wir mit den Augen sehen, nur eine mögliche Realität ist und nicht die absolute Realität sein kann, was auch Max Planck deutlich sagte. Materie, wie wir sie uns immer vorgestellt haben – fest, bodenständig – ist nur eine Erscheinung in der 3-D-Welt. Wie kommt Charon dazu, zu sagen, der Geist wohne in ewigen Elektronen? Protonen und Elektronen besitzen, so weist Charon in seiner komplexen Relativitätstheorie nach, praktisch eine ewige Lebensdauer. Sie überleben unseren Körper. In der Allgemeinen Relativitätstheorie (Einstein) ist die Gravitation der Elementarteilchen nicht integriert. Das heißt, sie gilt vor allem für makroskopische Objekte und stellt keine einheitliche Feldtheorie dar. Die Gravitation vermittelt die abstandsabhängige Anziehungskraft zwischen Massen. Wenn man die Masse gleich Null setzt, entfällt natürlich die Gravitation, dann kann man sie rechnerisch ausklammern, das ist der

Trick. Die Mainstream-Physik konnte die Masse, die Ladung, das magnetische Moment und den Spin (Eigendrehimpuls von Teilchen) messen, aber was Masse und Ladung wirklich sind, wissen sie nicht. Sie wissen auch nichts über den inneren Aufbau und die geometrische Struktur eines Elektrons. Damit möchte ich nicht die Errungenschaften der Physik schmälern. Doch es ist wichtig, zu realisieren, dass wir, obgleich wir den physikalischen Phänomenen Namen geben können, nicht zwangsläufig etwas über sie wissen.

In der Theorie der Supergravitation werden Elektronen als punktförmig betrachtet, also ohne jegliche räumliche Ausdehnung oder Struktur. Hier wird eine endliche Masse auf ein Volumen gleich Null konzentriert, führt damit zu einer unendlichen Dichte und wird mit mathematischen Tricks wegnormiert. Mit dieser Theorie kann die Struktur der Materie nicht verstanden werden. Der große Verdienst der neuen Physik ist es, Theorien gefunden zu haben, die die Gravitation der Elektronen und Protonen integriert. Im vergangenen Jahrhundert waren das Charon, Muheim und Heim, in jüngster Zeit vor allem Haramein, der in seinem Paper *Quantum Gravity and the Holographic Mass* eine Theorie vorgestellt hat, die die Gravitation der kleinsten Teilchen integriert.

Charon sagt: *„Das Elektron bildet ein regelrechtes Mikrouniversum, seine Zeit ist zyklisch, was ihm erlaubt, alle vergangenen Zustände des Raumes, aus dem es besteht, wiederzufinden; außerdem spielen sich die Ereignisse innerhalb dieses Mikrouniversums mit wachsender Negentropie ab. Dies alles zusammen veranlasst uns zu der Aussage, das Elektron enthalte eine Raumzeit des Geistes."*[23]

Nach der neuen Physik besteht das Atom auch aus Elektronen und dem Atomkern. Elektronen werden von der neuen Physik (Charon, Haramein et al.) aber als Mikro-Schwarze Löcher bezeichnet. Durch die Krümmung der Raumzeit hat sich ein „Tropfen" von der äußeren Raumzeit abgetrennt. In seinem „Bauch" befinden sich Photonen. Im Innern des Schwarzen Lochs ist es nicht möglich, an einem definierten Ort zu verweilen, aber man kann einen x-beliebigen Zeitpunkt wählen.

Schwarze Löcher machen sich durch ihre Gravitationsfelder bemerkbar. Die Relativitätstheorie zeigt, dass durch starke Massen oder Energiekonzentration die Struktur der äußeren Raumzeit gekrümmt wird. Äußere und innere Raumzeit werden durch den Schwarzschildradius getrennt. Der Raum in der Nähe des Schwarzschildradius wird als Ereignishorizont bezeichnet, während der Raum am anderen Ende, der sich wie eine Spaghetti in die Länge ziehen kann, das eigentliche Schwarze Loch ist. Der Schwarzschildradius ist der kritische Abstand zum Schwerpunkt des Schwarzen Lochs, ab dem es kein Entrinnen mehr gibt. Alles, was diesen Horizont überschreitet, wird unweigerlich ins Innere des Schwarzen Lochs gesogen.

Nach Haramein ist die Nullpunktfeldenergie eine hochstrukturierte kohärente Energie, die das Atom nährt und die Dynamik produziert, die wir als Partikel und Elektronendynamik sehen können. Das Atom interagiert mit der Nullpunktfeldenergie.[24]

Aus Sicht Harameins wird die starke Kraft in der Umgebung eines Mikro-Schwarzen Lochs, das durch die Nullpunktfeldstruktur erzeugt wurde, zur

Gravitationskraft. Als Resultat seiner Anwesenheit in der Umgebung eines Ereignishorizontes dieses Schwarzen Lochs, dreht sich das Elektron annähernd mit Lichtgeschwindigkeit.

Nach der Mainstream-Physik war das Atom immer zu klein für ein Schwarzes Loch. Doch jetzt haben Wissenschaftler herausgefunden, dass ein Atom, dem durch einen Laserstrahl Elektronen entrissen werden, zu einem Schwarzen Loch wird.[25] Nach und nach wird Harameins Forschung also auch von der Mainstream-Physik bestätigt.

Wenn man, nach Haramein, eine Berechnung für Schwarze Löcher durchführt und ausrechnet, wie viel Gravitation auf der Atomkernebene für ein Schwarzes Loch dieser Größe erforderlich ist, so entspricht dieser Wert exakt der Kraft, die benötigt wird, um das Atom und den Atomkern zusammenzuhalten (das ist die Kraft, die Max Planck Geist nennt und Jules Muheim Liebe). Die starke Kraft ist also Gravitationskraft. Die Mainstream-Physik entdeckte die Quarks, die sich in den Protonen befinden und diese zusätzlich weiter zusammenpressen. Es muss also noch eine stärkere Kraft geben, als die Gravitationskraft. Da es, so

Haramein, aber albern ausgesehen hätte, noch eine Kraft zu erfinden, sagten sie, dies sei die Farbladung der Quarks.

Einstein postulierte, dass Gravitation das Resultat der Raumzeitkrümmung sei. Aber, so Haramein, die Raumzeit krümme sich nicht nur, sie winde sich wie Wasser, das in den Abfluss fließt – und das generiere Rotation und ein Drehmoment. Darüber hinaus sei die Raumzeit auch die Quelle für die Corioliskräfte und die Magnetfelder. Corioliskräfte sind Kräfte, die Wasser in der Nordhemisphäre in die eine Richtung und auf der Südhemisphäre in die andere Richtung strömen lässt und die Hurrikans, ebenso wie Plasma-Dynamiken in der Sonne, in entgegengesetzte Richtungen rotieren lassen. Haramein hat in seiner Feldgleichung all diese Kräfte berücksichtigt und die Rückkopplung zwischen dem Gravitationsfeld und dem Raumzeit-Drehmoment gefunden. Aus seiner Sicht wird die starke Kraft zu einer Gravitationskraft in der Umgebung eines kleinen Schwarzen Lochs, welches durch die Vakuumstruktur erzeugt wurde.

Neutronen und Protonen bilden den Atomkern. Traditionell sollen sie aus Quarks mit verschiedenen Farbladungen bestehen. Meine Hypothese wäre, dass der Kern der Symmetrie halber aus Anti-Photonen besteht (Elektronen enthalten Photonen).

Erkenntnisse der Mainstream und der neuen Physik

Mainstream-Physik

Es gibt 6 reguläre und 6 Antiquarks. Zudem werden sie in Up-Quarks und Down-Quarks unterteilt. Das Up-Quark trägt die Ladung $+\frac{2}{3}$, das Down-Quark $-\frac{1}{3}$. Quarks kommen nie einzeln vor. Wenn man 2 Up-Quarks und 1 Down-Quark zu einer Dreiergruppe zusammenbringt, ist das die Zusammensetzung des Protons mit einer positiven Ladung. Das Neutron besteht aus 1 Up-Quark und 2 Down-Quarks und ist neutral. Die Ladungen der Quarks werden als Farbladungen mit den Ausprägungen rot, gelb oder grün bezeichnet.

Strahlt man diese Farben mit drei Scheinwerfern an die Wand, sodass sie sich überlagern, entsteht weiß. Es sind nur solche Quarkkombinationen stabil, deren Farbladungen sich zu weiß addieren. Jedoch wirken, nach Haramein, auf der Atomkernebene Gravitationskräfte. 2017 wurde herausgefunden, dass positive Ladung in einem Atom ein Schwarzes Loch bildet – und das Proton hat eine positive Ladung.[26]

Die Quantenspinzahl ist $+\frac{1}{2}$ beim Up- und $-\frac{1}{2}$ beim Down-Quark (Quantenspinzahlen sind ein Charakeristikum des bei der Drehung um die eigene Achse auftretenden Drehimpulses bei Elementarteilchen, vor allem im Kern).

Neue Physik

Aus seiner komplexen Relativitätstheorie konnte Charon die Struktur der Quarks ableiten. Es zeigte sich, dass Quarks aus Elektron-Positron-Cluster zusammengesetzt sind. Ausgehend von der Struktur der Elektronen und Positronen konnte Charon „*die bislang rätselhaften gedrittelten elektrischen Ladungen der Quarks*"[27] berechnen. Quarks sind über die Transdimensionen der inneren Raumzeit so stark verschränkt, dass es auch mit großer Energie nicht möglich ist, sie in der äußeren Raumzeit räumlich zu trennen. Nach Charon bilden Elektronen und Positronen z. B. Dreiergruppen: Elektron-Positron-Elektron, oder Positron-Elektron-Positron (die elektrischen Ladungen der Quarks sind das Vielfache von Dritteln der elektrischen Elementarladung). Die erste Dreiergruppe hat die Gesamtladung -1, die zweite +1.

Da Positronen Antiphotonen enthalten, erscheint mir meine Annahme, dass Neutronen und Protonen Antiphotonen enthalten, durchaus plausibel. Allerdings ist die Mainstream-Physik der Meinung, dass es keine Antiphotonen gibt, ebenso, wie es auch keine Antineutrinos geben soll. Andere sagen, der Spin von Antineutrinos bewege sich in einer Rechtsschraube, während er bei Neutrinos eine Linksschraube beschreibe.

Nach Charon bilden zwei Neutrinos ein Photon. Ich glaube, das letzte Wort ist hier noch nicht gesprochen und könnte mir gut vorstellen, dass die Elektronen Neutrinos enthalten, die bei Energiezufuhr zu Photonen umgewandelt und abgestrahlt werden, und dass darüber hinaus die Positronen Antineutrinos enthalten.

Die Neutrinos haben eine sehr schwache Wechselwirkung, darum sind sie schwer zu entdecken. Man vermutet, dass sie bei Kernfusionen entstehen, z. B. in der Sonne. Als 1987 eine Supernova in der Magellanschen Wolke explodierte, wurden die Neutrinos vor dem Licht der Explosion festgestellt. Die Physiker nehmen an, dass Neutrinos für die Explosion von Sternen verantwortlich sind, denn sie haben mehr Energie vom Stern weggetragen, als die Strahlung. Am CERN vermutete man zunächst, dass sich Neutrinos schneller als Licht bewegen würden, was jedoch in Experimenten widerlegt wurde.

Doch bereits zuvor hat Haramein die Physik-Welt mit einer neuen Theorie schockiert, die er in seinem Paper *The Schwarzschild Proton* darstellt. Hier führt Haramein aus, dass sich Protonen auf der subatomaren Ebene wie Schwarze Löcher verhalten. Außerdem postuliert er, dass sich Neutrinos wie Teilchen mit minimaler Masse verhalten und deshalb Lichtgeschwindigkeit nicht überschreiten. Später konnten Neutrino-Oszillationen gemessen werden, was bedeutet, dass Neutrinos Masse haben müssen. Außer, dass diese Masse sehr klein ist, weiß die Mainstream-Physik allerdings weiter nichts. Es wird vermutet, dass Neutrinos die 97 % Dunkle Energie im All darstellen, also jenen Teil des Universums, der sich nicht durch elektromagnetische Strahlung bemerkbar macht.

Haramein vermutet, dass so etwas wie Dunkle Energie oder Masse nicht existiert. Er geht davon aus, dass das Universum ein Fraktal ist und dass das Vakuum (Nullpunktfeld) in Wirklichkeit eine geometrisch geordnete Struktur mit hoher Energiedichte ist, die er Einheitsfeld nennt. In jeder Struktur befindet sich ein Schwarzes Loch. Bis jetzt ist mit der Zeit alles bewiesen worden, was Haramein voraussagte.

Prof. K. Meyl vertritt die Ansicht, dass die meisten Neutrinos aus Schwarzen Löchern stammen. Sie dringen in unser Sonnensystem, in die Erde und in die Sonne ein, wodurch sie abgebremst und zu Materie werden. Das würde meiner Vorstellung von Materie als gebundenem Licht entsprechen. Darüber hinaus kommen Neutrinos aber auch von der Sonne auf die Erde. Ferner postuliert Meyl, dass Neutrinos schneller als Licht seien. Auch diesbezüglich ist das letzte Wort noch nicht gesprochen. Es kommt darauf an, welche Vorgänge bei den Experimenten berücksichtigt werden, auch bei der ionisierenden Strahlung aus radioaktivem Zerfall, dem sogenannten Beta-Zerfall. Ohne Neutrinos wäre der Beta-Zerfall nicht möglich. Neutrinostrahlung sei, so Meyl weiter, gleichzusetzen mit der Teslastrahlung. Das Neutrino schwinge ständig zwischen den Zuständen des Elektrons und des Positrons, zwischen Plus und Minus, zwischen Materie und Antimaterie hin und her. Meyls Modell ermöglicht erste Experimente in Richtung einer Wechselwirkung mit der Neutrinostrahlung, die jederzeit reproduzierbar sind. In einem nächsten Schritt soll diese energiereiche Strahlung technisch nutzbar gemacht werden.

Im Juli 2018 wurde von einem internationalen Forscherteam ein Blazar entdeckt, der Neutrinos emittiert. Dieser besteht aus einem supermassiven Schwarzen Loch, das sich im Zentrum einer Galaxie im Sternbild Orion befindet. Die Strahlung aus diesem Blazar sei „zufällig" auf die Erde gerichtet. Meyl hatte also recht.[28]

Charon ist der Meinung, dass das Licht (Photonen) Träger aller „spirituellen" Eigenschaften des Elektrons ist. Das heißt, Elektronen verfügen aufgrund des in ihrer inneren Raumzeit eingeschlossenen Photonengases (oder Neutrinos) über ein eigenes Gedächtnis. Elektronen sind damit so etwas wie Vermittler zwischen Geist und Materie. Dies geschieht durch die vielfältigen elektromagnetischen

Wechselwirkungsmöglichkeiten der Photonen. In unserem Bewusstsein werden alle Sinneswahrnehmungen durch elektrische Impulse bzw. durch elektromagnetische Wellen zwischen Elektronen ausgetauscht. Was wir sehen, so Charon, sind Photonen, die von irgendeinem Elektron abgestrahlt oder reflektiert wurden, um von irgendeinem Elektron in unserem Gehirn absorbiert zu werden. Meyl und Popp hingegen sehen in den Biophotonenwellen elektrische Skalarwellen, die neben den magnetischen Skalarwellen für die Kommunikation im ganzen Körper zuständig seien.

Biophotonen und Skalarwellen

Prof. Walter Schempp fand 1990 heraus, dass Atome miteinander kommunizieren, wie in einem Dialog. Er stellte fest, dass intelligente Information ausgetauscht wird und Information in Form von Photonen nicht nur gespeichert, sondern auch wieder abgegeben werden kann. Wenn das Elektron auf einen niedrigeren Frequenz-Orbit geht, empfängt das Elektron Photonen mit intelligenter Information. Befindet sich das Elektron hingegen auf einem höherfrequenten Orbit, strahlt es Lichtwellen aus. Damit werden also ein Teil von Charons Theorie und die Aussage von Muheim, dass kein Atom vergisst, was ihm „zugestoßen" ist, bestätigt.

Fritz-Albert Popp, der Entdecker der Biophotonen, fand heraus, dass die Biophotonen von durch Sonnenlicht angeregten Elektronen erzeugt werden, und dass sie Licht emittieren, so wie es Schempp oben beschreibt. Es ist nachvollziehbar, dass sich Sonnenlicht in unseren Zellen befindet, wir atmen dieses Licht ja ein und nehmen es durch pflanzliche Nahrung auf, im Brot und Wein ...

Transsubstantiation heißt nichts anderes, als dass das göttliche Licht wieder frei wird aus dem Brot und dem Wein, die wir eingenommen haben, und dass dieses Licht das Christus Licht ist, das Licht der sichtbaren Schöpfung. Popp betont weiter, dass die Biophotonenquelle in der Zelle in der DNS sei, und dass Biophotonen das Zellgeschehen regeln würden. Die Verfügung über geeignete Photonen an der richtigen Stelle zum richtigen Zeitpunkt ermöglicht erst die Reaktivität. Das bedeutet Regulation oder auch Kommunikation. Spontan abgestrahlte Biophotonen wirken kommunikativ. Wir sind Lichtsäuger und leben vorwiegend von Sonnenlicht.[29]

Prof. Konstantin Meyl, der Herr der Skalarwellen, postuliert, dass in der Biologie Informationen durch die magnetischen Skalarwellen ausgetauscht werden, dass die Biophotonenströme ein Spezialfall von Skalarwellen seien, weil sie elektrische Skalarwellen darstellen und die Nerven informieren. Die Skalarwelle wird in der Wellengleichung beschrieben. Sie ist eine gerichtete Ausbreitung ungerichteter Größen und tritt als Longitudinalwelle auf. Skalarwellen lassen sich aufgrund ihrer verschiedenen Geschwindigkeiten unterscheiden: Breiten sie sich mit Lichtgeschwindigkeit aus, werden sie Photonenströme genannt, Überlichtgeschwindigkeit macht sie zu Neutrinoströmen und bei einer Ausbreitung unterhalb der Lichtgeschwindigkeit sind es Plasma-Skalarwellen. Die magnetischen Skalarwellen, die Prof. Meyl erforscht, haben nur eine kurze Reichweite (einige cm bis ein paar Meter), im Gegensatz zu den elektrischen. Die magnetische Skalarwelle ist eine organische „Link-Antenne", sie kann Energie und Information übertragen. Prof. Meyl hat den Begriff `Skalarwelle` geprägt. Vor ihm wurden diese Wellen vernachlässigt, resp. als inexistent betrachtet.

Resonanz ist das Grundprinzip der Natur. Resonanzsysteme finden wir innerhalb des Körpers und auch in Kommunikation mit der Natur. Die Bauteile, die in der Lage sind, in Resonanz zu schwingen, sind bestimmte Strukturen des Wassers, die DNS, Mitochondrien in den Zellen etc.

Rauschen enthält ein breites, unspezifisches Frequenzspektrum, in dem, neben Hertz'schen Wellen, die häufig fälschlicherweise ausschließlich berücksichtig werden, auch magnetische Skalarwellen vorkommen. Beim Menschen wird das Rauschen als Aura sichtbar. Darin sind alle Informationen des Menschen gespeichert. Wir reagieren nur auf etwas, wenn wir eine Resonanz dazu haben. In der Resonanz sind Empfänger und Sender miteinander verbunden. Da die Skalarwellen in Resonanz mit der DNS gehen, können sie in die DNS schreiben und dadurch etwas in ihr verändern. Die Ring-Moleküle der Basen in der DNS sind zugleich Sender, Empfänger und Speicher. Diese Ringe sind Spulensysteme, die ein magnetisches Feld erzeugen. Wird außen ein magnetisches Feld erzeugt, wirken die Ringe der Basen wie Antennen. Das magnetische Feld setzt die Elektronen in Bewegung. Wird das Feld abgestellt, kreisen die Elektronen weiter, d. h., sie speichern die Informationen. Später kann das magnetische Feld diese Informationen wieder abstrahlen. In der Biologie ist die Trägerwelle der Information niederfrequent, sie nimmt jedoch hochfrequente

Informationen auf. Zellen tauschen also dauernd Informationen miteinander aus. Diesen Vorgang nennen wir Leben!

Wenn nicht ausreichend Kommunikation stattfindet, wird die Zelle krank. Die Frage ist dann: Wie kann ich die Kommunikation wiederherstellen? Der Basenring folgt auch der Modulation und kann Informationen aufnehmen. Wenn eine Skalarwelle bei einem Menschen eine biologische Wirkung haben soll, ist die Voraussetzung dafür, dass es zwischen Mensch und Welle eine Wechselwirkung gibt. Wie oben betont, reagiert der Mensch nur dann, wenn er in eine Resonanz mit Skalarwellen kommt. Farben oder Klangschalen bilden bspw. solch eine positive Skalarwellen-Resonanz. Auch wenn ein Mensch aufbauende, kreative Gedanken generiert, schwingt er in einer positiven Resonanz mit seiner Umwelt. Das schützt ihn in einem gewissen Sinne. Ideen und Gedanken werden über Biophotonen-Skalarwellen übertragen. Dafür sind Antennen im Gehirn und im Äther nötig. Die Ringmoleküle der Basen in der DNS sind solche Antennen, erklärt Prof. Konstantin Meyl.

Um den menschlichen Energiebedarf zu decken, reicht physische Nahrung nicht aus. Dieses Defizit wird durch Neutrino-Skalarwellen aus der Sonne ausgeglichen. Japanische Forscher haben festgestellt, dass nachts weniger Neutrinos auf die Erde treffen, was auf die Sonne als Neutrino Quelle deuten würde. Die Energie der Neutrinos ist 10'000 Mal stärker, als die des sichtbaren Sonnenlichtes. Man müsste die Neutrinos als freie Energie nutzbar machen können.

Skalarwellen macht man sich seit kurzem in der Medizin zunutze, z. B. in der Krebsbehandlung. Hierzu gibt es in Spanien ein Forschungsprojekt, zu dem bis dato jedoch noch keine Ergebnisse veröffentlicht wurden, weil die Studien noch nicht abgeschlossen sind.

Stuart Hameroff, Professor für Anästhesiologie an der Universität Arizona, und der britische Physiker und Mathematiker Roger Penrose sehen die Mikrotubuli, die auch als Zellskelett dienen, als eine Art Glasfaserkabel für Biophotonen.[30] Hameroff stellte fest, dass diese Mikroröhrchen hochkohärentes Licht enthalten. Dieses Licht spielt eine wichtige Rolle in der Informationsverarbeitung im Gehirn und im ganzen Körper. Die Mikrotubuli wirken quasi als Verdrahtungssystem für kohärentes Licht im Körper. Alle Zellen haben dadurch am gleichen Bewusstsein teil. Penrose vertritt die These, dass sich Bewusstsein durch den Kollaps von Wellenfunktionen in den Mikrotubuli des Gehirns erklären lässt.[31] Meines Erachtens nach erklärt es nur das Bewusstsein, das an das Gehirn gebunden ist. Nahtoderfahrene können ja in der außerkörperlichen Erfahrung durch Betonwände gehen. Licht kann Beton nicht durchdringen– aber Neutrinos können das. Stuart Hameroff erklärt, dass die Quanteninformation innerhalb der Mikrotubuli nicht zerstört werden kann. Sie existiert außerhalb des Körpers weiter (ich vermute, im Ätherkörper). Beim Tod „entweichen" die Quanteninformationen demnach aus den Mikrotubuli. Wird ein Mensch wiederbelebt, kehren die Informationen in die Mikrotubuli zurück.

Möglicherweise besteht unser Ätherkörper aus Neutrinos. Nach O. M. Aïvanhov besteht der Äther aus 4 immer feiner werdenden Schichten. Der chemische Äther entspricht dem Element Erde. Er fördert Wachstum und Elimination. Die 2., feinere Schicht entspricht dem Element Wasser und hat mit dem Gefühlsbereich und der Fortpflanzung zu tun. Die 3. Schicht entspricht dem Äther des Lichts, dem Element Feuer. Diese Schicht findet ihre Entsprechung in Wärme und Lebenskraft. Die 4. Schicht, der rückstrahlende Äther, ist der Sitz des Gedächtnisses und entspricht dem Element Luft. Hier werden alle Gefühle, Gedanken und Taten aufgezeichnet. Dies postulierte Aïvanhov Anfang der Achtzigerjahre mit dem Hinweis, dass die Wissenschaft diesen weiteren Aggregatzustand noch nicht kenne.[32] Den Ätherkörper, in dem alles über uns gespeichert ist, nehmen wir nach dem Tod mit. Es ist dieser Aggregatzustand, der bei Nahtoderfahrungen den Körper verlässt. Dies sagte schon Rudolf Steiner.

Das, was die heutige Physik als Nullpunktfeld bezeichnet, hat einen Bezug zum Äther. Darauf weisen die Neutrinos hin, und vor allem die Entdeckung von Walter Schempp. Der Ätherkörper steht in Wechselwirkung mit dem Nullpunktfeld und dem physischen Körper. Schempps Entdeckung war, dass das Quantengedächtnis nicht nur in unserem Gehirn, sondern vor allem auch im Nullpunktfeld verortet ist. Der Äther von Aïvanhov ist Teil des Nullpunktfeldes, des Elements Luft. Er besteht offenbar aus Neutrinos oder noch kleineren Energieeinheiten, die wir noch nicht kennen. Auch wenn also die Biophotonenströme in den Mikrotubuli vor allem für die Kommunikation in und zwischen den Zellen und dem Äther wichtig sind, so befindet sich das Quantengedächtnis an sich jedoch zu einem großen Teil im Äther – oder, wie Physiker sagen würden: im Nullpunktfeld.

Da die Biophotonen im Kern der Zelle gespeichert und durch die Mikrotubuli nach außen geleitet werden, und auch die Mikrotubuli entlang zum Kern, lässt sich die Zelle mit einem kleinen Sonnensystem vergleichen.

Die Zelle sei, so Haramein, ein Mikro-Schwarzes Loch, in dessen Zentrum sich die spiralförmigen Strukturen der DNS befänden. Die Codon-Struktur der DNS basiere auf einer 4^3-Beziehung, die 64 Codierungsmöglichkeiten erlaube. Dieser Code entspreche einer Metrik, die Einstein benutzt habe, um seine Feldgleichung der Raumzeit-Mannigfaltigkeit abzuleiten. Diese „affine Verbindung" habe eine 64-Elemente-Metrik, die die Komponenten für die Struktur der Raumzeit-Mannigfaltigkeit generiere. Wir hätten an dieser Stelle eine direkte Verbindung zwischen der Raumzeit-Information, dem Raumzeit-Drehmoment und der Weise, wie die DNS eine Art Umwandler der Raumzeit-Information sei, die sich durch die Welt bewege und Informationen sammle. Wir seien wie eine Sonde in der Raumzeit, die auf sich selbst von der Außenseite zurückblicke und Informationen über ihre eigene Existenz sammle.[33]

Biophotonen sind mit dem Sonnenlicht verschränkt. Da ich das Ich-Bin-Du Bewusstsein mit der Sonne erlebt habe, ist mir die Verbindung mit der Sonne verständlich.[34] Unser Gehirn kann jedoch die Informationen der Sonne nicht direkt wahrnehmen und filtert diese daher. Das Gehirn ist ja, nach Pribram, ein Frequenzanalysator. Doch in einem glücklichen Moment ist es durch die Chakras möglich, auch kurz mit diesen hohen Frequenzen zu kommunizieren. Möglicherweise nehmen die Chakras Neutrino-Skalarwellen von der Sonne auf. Prof. Meyl betont, Biophotonenströme seien ein Spezialfall von Skalarwellen – auch wenn wir einen Geistesblitz hätten, würde nichts leuchten (auf meine Frage, ob Gedanken Biophotonen- oder Neutrino-Skalarwellen seien).

Durch die Chakras war ich mit dieser immensen Licht/Liebe-Energie des Christus verbunden, spürte, dass mein wahres Ich-Bin ein Teil des Christus-Ich-Bin ist. Unser Ich-Bin ist göttlicher Geist. Gott sagte zu Moses: „Ego eimi ho on." (Johannes 8.58) Das ist griechisch und lässt sich nicht gut in unsere Sprache übersetzten. Sinngemäß heißt es: *„Ich bin binender."* Oder: *„Der, der gestern auch der Ich-Bin gewesen ist."* Man hat es immer mit: Ich-bin-der-Ich-bin übersetzt, weil es diese grammatische Form im Deutschen nicht gibt. Das scheint verständlich, denn diese (gefühlte) Verbundenheit mit dem Christus-Ich-Bin lässt sich kaum in Worte fassen. Nur wenn man diese Verbundenheit erlebt, versteht man sie. Jesus sagte die schwer verständlichen Worte: *„Niemand kommt zum Vater denn durch mich."* (Johannes 14.6) Das heißt, über das Christus-Bewusstsein kommen wir zum Vater, zur Quelle von allem, was ist. Beim unmanifestierten Gott ist Licht/Liebe eins, im Körper nehmen wir sie dual wahr. Unser Ego ist an die Entwicklung des Gehirns gebunden, wie das Mondlicht an den Mond. Das wahre Ich-Bin ist hingegen mit der Sonne verbunden.

Neue Theorien von Charon und Haramein und im Mainstream

Um verständlich zu machen, dass Licht der Träger aller spirituellen Eigenschaften des Elektrons ist, nimmt Charon zuerst einen Umweg über die Schwarzen Löcher, um das Außen, das Sichtbare und das Innen, das Geistige, Unsichtbare zu erklären. Charon zieht eine Linie vom Makroskopischen zum Mikroskopischen: Er sieht das Elektron als Mikro-Schwarzes Loch. Das Schwarze Loch wird in der Mainstream-Physik als ein Objekt definiert, an dessen Oberfläche die Schwerkraft so stark ist, dass nichts dieses Objekt verlassen kann. Es ist daher auch nicht sichtbar. Man fand Schwarze Löcher bei sterbenden Sternen, die in einer Supernova explodierten. Ein Schwarzes Loch stellt eine Singularität dar, d. h., dass die betrachteten Raumzeiten nicht mehr in einem einzigen Punkt definiert werden können. Die Raumzeit krümmt sich so stark, dass ein Ort unendlicher Dichte und Gravitation entsteht. Man kann Schwarze Löcher also nur indirekt, durch ihre Gravitation nachweisen. Schwarze Löcher wurden als verschlingende Monster angesehen, die alles um sich herum mit ihrer unendlichen Schwerkraft aufsaugen und sogar Licht verschlingen. So blieb die Situation, bis Stephen Hawking, der Herr der Schwarzen Löcher, erkannte, dass Schwarze Löcher an ihrem Ereignishorizont – sozusagen dem Punkt ohne Wiederkehr – schwach strahlen. Aber auch das Genie Hawking war sich noch nicht ganz im Klaren, was mit den Informationen in Schwarzen Löchern geschieht. Um die Jahrtausendwende entdeckten die Astrophysiker mit ihren neuen Teleskopen, dass es im Zentrum jeder Galaxie ein Schwarzes Loch gibt. Bald fand man überall in der Galaxie verstreut Schwarze Löcher. Die Physiker stellten auch fest, dass die Schwarzen Löcher doch nicht so schwarz sind, sondern dass sie Elektronen, Positronen und auch Gammastrahlen aussenden. Neuerdings ist auch bestätigt, dass sie Neutrinos abgeben. Manjir Samanta-Laughton äußert, dass Schwarze Löcher Quellen des unendlichen Lichtes sind, das uns verborgen ist, weil es jenseits der Barriere der Lichtgeschwindigkeit liegt. Bereits vor bald 30 Jahren formulierte der Physiker Lévy-Leblond: *„Die Physiker denken zu wenig, die Lichtgeschwindigkeit gilt nur für ein Objekt mit*

Masse." Er wollte damit sagen, dass die Lichtgeschwindigkeit auch überschritten werden kann; Neutrinos haben nur eine ganz winzige Masse.

Aus der Relativitätstheorie weiß man, dass Raumkrümmungen, und damit die Struktur eines Schwarzen Lochs, nicht nur durch dichte Masse, sondern auch durch Energie entstehen kann. So kann also auch, wie oben erwähnt, ein Atom, dem Elektronen entrissen werden, zu einem Schwarzen Loch werden.

Die Vorstellung, dass das Universum durch ein riesiges Schwarzes Loch entstanden ist, scheint vorstellbar. Schwarze Löcher sorgen darüber hinaus für eine Art Geburtenkontrolle in der Galaxie. Im Fachmagazin Nature berichten Astronomen, u. a. Ignazio Martin Navarro von der Universität Santa Cruz, Kalifornien, dass die Masse des Schwarzen Lochs den Zeitpunkt bestimmt, zu dem die Geburtenrate in der jeweiligen Galaxie einbricht. Je massereicher das Schwarze Loch, desto mehr Sterne werden gebildet und desto früher wird die Produktion gestoppt.

Wenn der Urknall wirklich passiert wäre, dann würden die Strukturen immer jünger erscheinen, wenn wir in den Raum blicken, da ihr Licht mehr Zeit benötigt, um zu uns zu gelangen und wir deshalb in die Frühzeit des Universums schauen würden. Stattdessen sehen wir jedoch junge und alte Sterne gleichermaßen.

Bei der Bildung von Mikro-Schwarzen-Löcher, welche die Elektronen und Positronen darstellen, sind es die Raumkrümmungseffekte der hohen Energiedichten der Photonen, die zu einem Schwarzen Loch führen.

Die Entdeckung der *Scaling Law for All Organized Matter* durch Haramein legt nahe, dass es im Zentrum jeder Struktur, in der Größenordnung der Planck-Länge bis zur größten Galaxie, ein Schwarzes Loch gibt.

Über Schwarze Löcher besitzt die Wissenschaft auch heute noch keine finalen Erkenntnisse. Immer wieder wird neues Wissen über dieses astronomische Phänomen generiert. So wurde bspw. mit dem Röntgenteleskop der NASA aus einem Schwarzen Loch austretende Röntgenstrahlung beobachtet; dessen Quelle jedoch ist „mysteriös".[35]

Lange Zeit wurde von der Mainstream-Physik bestritten, dass Schwarze Löcher Materie nicht nur absorbieren, sondern auch ausstrahlen.

Wichtig ist, die verschiedenen Hypothesen darzustellen, ohne sie zu werten. Feste Definitionen verhindern den Fortschritt. Neuentdeckungen werden durch Intuition, Inspiration und Phantasie generiert, der Verstand ist zum Ordnen da.

Über Photonen, Strahlung und die Bildung von Elektron-Positron-Paaren

Photonen stellen die kleinsten Einheiten der elektromagnetischen Strahlung dar, die Quanten des Elektromagnetismus. Sie breiten sich immer mit Lichtgeschwindigkeit aus und haben keine Ruhemasse.

Die energiereichsten, höchstfrequenten elektromagnetischen Strahlen bilden die harten Gammastrahlen. Mit etwas kleiner werdenden Frequenzen folgen die harten und die weichen Röntgenstrahlen, ultraviolettes Licht, sichtbares Licht, Infrarotlicht, Mikrowellen, dann die Radiowellen. Photonen bestehen aus Neutrinos, so

Charon. Neutrinos haben nur sehr schwache Wechselwirkungen und können ungehindert Materie durchdringen. Wenn ein Photon aus der äußeren Raumzeit einen charakteristischen Energiewert hat, kann dies zur Bildung eines Elektrons und eines Positrons führen. Ab diesem charakteristischen Energiewert wird die äußere Raumzeit so stark gekrümmt, dass sich kleine Schwarze Löcher mit eigenen unabhängigen inneren Raumzeiten bilden. Diese winzigen Schwarzen Löcher stellen dann das entstandene Elektron-Positron-Paar dar. Bei dieser Teilchenentstehung wird Photonen- bzw. Antiphoton-Energie, die zur Bildung dieser neuen Teilchen notwendig war, in den neu entstandenen inneren Raumzeiten des Elektrons und des Positrons eingeschlossen. Die Raumkrümmung, die ein hartes Gamma-Quant bewirkt, das genügend Energie enthält, um einen Paarbildungsprozess auszulösen, kann in der Umgebung starker massebedingter Raumkrümmungen, also z.B. in der Nähe eines Atomkerns, zu einer Verwirbelung einer äußeren Raumzeit-Portion führen, wodurch Elektron und Positron entstehen. Die Struktur von Teilchen ist also, nach Charon, durch die Raumzeit-Krümmungen bedingt. Zwei Photonen, so Prof.

Neil Turok, Direktor des Perimeter Institute in Waterloo Ontario, bilden ein Schwarzes Loch. Damit sind also 4 Neutrinos nötig, um ein Schwarzes Loch zu bilden. Heißt das nicht, dass Nullpunktfeld und Materie Schwarz-Loch-Struktur aufweisen? Außerdem bestätigt Neil Turok die *Scaling Law for all Organized Matter* von Hararmein, indem er sagt, dass das geometrische Mittel der Hubble- und Planck-Längen der Größe einer lebendigen Zelle entspreche.

Nachdem ich mich bereits monatelang mit den Schwarzen Löchern herumgeschlagen hatte (nicht um sie zu stopfen, wie ein Witzbold meinte), kam mir plötzlich die Idee, dass in unserem Körper das Auge symbolisch ein Schwarzes Loch darstellt. Es zieht Licht hinein und strahlt geistiges Licht aus. Dieses geistige Licht hat keine Farbe, es wird von Geist zu Geist wahrgenommen. Die Augen lügen nicht, weiß der Volksmund, sie zeigen die aktuelle Befindlichkeit unseres Geistes, unseres gesamten Seins. Das hat jeder schon wahrgenommen. Gerade der Schwarz-Loch-Experte Stephen Hawking hatte sehr ausdrucksvolle Augen, an denen der Physiker Bruce Allen ein Ja oder Nein ablesen konnte. Also,

Stephen Hawking himself demonstriert, dass seine Augen, das Schwarz-Loch-Prinzip – Geist – ausstrahlen.

Auch unser Körper ist ja ein Universum. Das weiße Nervensystem und das rote Herz sind Sonnensymbole, sind Brot und Wein, Licht und Liebe. Das ist so in der dualen Welt. Im Unsichtbaren herrscht die Einheit, das ewige Licht. Alles Sichtbare ist ein Gleichnis. Mich fasziniert immer wieder, zu sehen, wie der Körper die Symbolik des Geistes darstellt. Embryologisch entstand aus dem Herzschlauch durch einen Drehimpuls die Form des Herzens, des dynamischsten Organs in unserem Körper, Ort der Kraft und der Liebe. Und das Herz liegt zwischen den Lungenflügeln. Oberhalb des Zwerchfells hat sich der Himmel verkörpert, unterhalb die Erde – verbunden durch ein Schwarzes Loch. Solche Gedankengänge machen mir einfach Spaß.

Jetzt kommt mir aber gerade in den Sinn, dass ich die Lichtliebe der Sonne (die beschreibe ich später noch genauer) nur in den oberen Chakras, vom Herz an aufwärts, erlebt habe. Diese überdimensionale Liebe war ausschließlich die

„himmlische Liebe". Das Sexualchakra, die „irdische Liebe", war nicht beteiligt. Das finde ich schon sehr interessant.

Wenn wir daran denken, dass Archimedes ins Bad steigen musste, um das archimedische Prinzip zu entdecken (das Volumen eines komplizierten Körpers kann einfach berechnet werden durch das Volumen der Flüssigkeit, die durch diesen Körper verdrängt wird), sehen wir, dass eine körperliche Erfahrung und die Geometrie, also zwei ganz verschiedene Ebenen, sich kreuzten. So wurde es nun für ihn viel einfacher, das Volumen der Krone des Königs zu berechnen.[36] Für eine Neuschöpfung braucht es immer zwei Pole, zwei Ebenen, die sich kreuzen. Mit dem körperlichen Auge erfahren wir das Schwarz-Loch-Prinzip im eigenen Körper und ziehen Schlüsse in Bezug auf die Schwarzen Löcher im All. Jetzt bräuchte es nur noch so ein Genie wie Hawking, um das zu verifizieren. Es zeigt sich immer wieder, wie wichtig der Erfahrungshintergrund für die Fragestellungen ist.

Nahtoderfahrene (NTE = Nahtoderfahrung) sagen, dass sie durch einen schwarzen Tunnel gesogen und dann von einem Licht angezogen werden. Ich glaube, dass es sich hier auch um das Schwarz-Loch-Prinzip handelt. Nahtoderfahrene sind ja im Zustand des Sterbens, das heißt, das EEG ist flach, keine Hirnaktivität, kein Puls. Bei sterbenden Sternen bildet sich ein Schwarzes Loch, bei sterbenden Gehirnen offenbar auch. Die Zeit des Lebensrückblicks, den viele in ihrer NTE erleben, läuft rückwärts. Das sterbende Gehirn stirbt aber so wenig, wie der Stern stirbt, denn dieser verwandelt sich lediglich. Bei diesen Prozessen finden wir das Schwarz-Loch-Prinzip. Es findet u. a. ein Dimensionswechsel statt – das lässt sich gut an den Tunnel-Erfahrungen während der NTE belegen. Interessant ist auch, dass ein Nahtoderfahrener erzählte: *„Als ich in seine Augen sah, wurden mir alle Geheimnisse des Universums enthüllt. Ich weiß, wie alles funktioniert, weil ich ihm (dem göttlichen Wesen) einen Augenblick lang in die Augen geschaut habe. Alle Geheimnisse des Universums, das gesamte Wissen aller Zeiten, einfach alles."* Das bestätigt meine These, dass aus dem Schwarzen Loch geistige Energie austritt.

Weil man im Schwarzen Loch nicht an einem Ort verweilen kann, sondern an jedem Zeitpunkt, bekommt der Nahtoderfahrene alle Informationen, die er will. Und wir verstehen die Informationen des göttlichen Wesens, weil das höhere Selbst ein Teil des Schöpfergeistes ist. Dieser Informationsaustausch läuft nicht über das beschränkte Gehirn, sondern direkt durch Telepathie. Der Evangelist Lukas, der Arzt, sagte: *"Das Auge ist des Leibes Licht. Wenn nun dein Auge einfältig ist, so ist dein ganzer Leib Licht."* (Lukas 11.34)

Zwei wesentliche Charakteristika unterscheiden die Raumzeit der Schwarzen Löcher von der Raumzeit des übrigen Universums: Erstens läuft innerhalb der Schwarzen Löcher die Zeit in umgekehrter Richtung zu unserer Zeit ab und zweitens haben Raum und Zeit die Rollen getauscht. Die Zeit läuft also von der Zukunft in die Vergangenheit. Weil Ort und Zeit die Rollen gewechselt haben, kann man nicht an einem Ort verweilen. Hier zeichnet sich eine besondere Eigenschaft unseres Geistes ab: das Gedächtnis. Der Raum, so Charon, verhält sich hier wie ein perfektes Gedächtnis, das alles speichert. Es sei die Umkehr der Zeit im Raum des Geistes, die diesen befähige, die Informationen, die er hervorbringe, oder durch die Lebenserfahrung der Außenwelt entnehme, zu speichern.

Das Elektron kann nur aus Licht entstehen, es besteht aus Photonen, den kleinsten Einheiten des Lichts. Sie sind Träger von Geist. Charon hat in seiner komplexen Quantentheorie aufgezeigt, dass die Elektronen auf die vollkommen gleiche Art wie ein Schwarzes Loch gebildet werden (Nassim Haramein sagt dies von den Protonen), d. h. durch eine Raumkrümmung, die sich im „Inneren" des Universums und nicht an seiner Außenseite schließt.

Die Erkenntnistheorie von Charon

Die tatsächliche Erkenntnis entsteht dann, wenn das Elektron (des Sinnesnervensystems) aus der Außenwelt ein neues Zeichen in Form von elektromagnetischen Wechselwirkungen erhält (die elektromagnetische Wechselwirkung vermittelt den Energie- und Informationstransport mit Lichtgeschwindigkeit durch das sichtbare Licht). Das Zeichen ist deshalb neu, weil ihm noch keine Bedeutung gegeben wurde. Dieses noch nicht interpretierte Zeichen steigert die Negentropie (Ordnung) des Elektrons, wodurch dieses wiederum den Bedeutungen, die ihm bereits zur Verfügung standen, um die Zeichen der Außenwelt zu interpretieren, eine neue Bedeutung hinzufügt. Die Zeichen, die wir aus unserer Welt bekommen, sind elektromagnetische Zeichen, d. h. Photonen. Sie geben ihre Informationen via Nervenbahnen in die entsprechende Region im Gehirn weiter. Die Zeichen für einen Adler können z. B. Kopf sein, Flügel, Feder etc.

Wenn dieses Zeichen wieder in der Außenwelt auftritt, kann das Elektron sofort eine Bedeutung damit assoziieren. Es wird das Zeichen wiedererkennen. Dabei findet ein Austausch der Spinzustände (Eigenrotation des Elektrons) und Impulse zwischen Photonen der Außenwelt und Photonen in uns statt. Die Photonen der Außenwelt führen eine Veränderung in der Strukturanordnung unserer Photonen herbei, aus denen unser Gedächtnis besteht. Nicht aus den Zeichen der Außenwelt formen wir die Vorstellungen unserer Welt, sondern erst aus der Bedeutung, die unser Ich-Bin diesen Zeichen gibt. Die Bedeutungen entstammen der Gesamtheit jener Bedeutungen, mit denen wir bereits die Zeichen der Außenwelt, die wir früher erhalten haben, interpretiert haben. Daher wird ein und dasselbe Zeichen der Außenwelt, das zwei verschiedene Menschen zum ersten Mal empfangen, möglicherweise zu zwei ganz verschiedenen Bedeutungen führen, da diese von der Gesamtheit der bei den zwei betreffenden Personen schon vorhandenen Bedeutungsinhalten abhängen. [37] Der Quantenphysiker David Bohm sagte: *„Das Elektron beobachtet die Umgebung, soweit es auf die Bedeutung in seiner Umgebung reagiert."* [38] Der Wechselwirkungsprozess der Reflexion ist ein Spinaustausch zwischen 2 Photonen in der inneren Raumzeit eines Elektrons. Wenn das innere Photonengas Spin (das wäre dann das Biophotonengas Spin) mit Photonen der äußeren Raumzeit austauscht, handelt es sich um eine Erkenntnis.

Der Zürcher Physiker Jules Muheim, der mit Quantenfeldstrukturen arbeitet, sagt: *„Das Universum ist letztlich ein einziger gigantischer Denkakt. Es selbst, mit allem was dazu gehört, besteht aus zahllosen und zahllos variierten Denkformen. Trotzdem haben sie alle die gleiche Basisstruktur. Auch der Mensch ist eine solche*

Denkform. Er ist auch somatisch aus lauter Denkformen aufgebaut. Denkakt und Denkform als Prozess sind raumzeitlich-energetische Strukturen (wahrscheinlich Informationsaustausch über Biophotonen-Skalarwellen). *Man kann sie nie zurückholen. Trotzdem wirken sie zurück, sie wirken genauso in die Zukunft. Unsere Zeit, unsere Welt und Umwelt krankt an diesem Denken. Der Mensch nimmt, entgegen allen in Umlauf gebrachten Märchen, eine derart dramatisch wichtige Stellung ein, dass es ihm kalt über den Rücken laufen müsste.*"[39] Ich glaube, dass Muheim mit dieser Ausführung recht hat. Das Ich-Bin ist mit seinen Gedanken in dauernder Wechselwirkung mit dem Nullpunktfeld, auch wenn es das nicht merkt. Ich kann nur immer wieder betonen, was die neue Physik herausgefunden hat: Leben ist Kommunikation.

Unsere Vorstellung von der Welt ist nicht das Spiegelbild der Wirklichkeit. Sie ist eine zusammenhängende harmonische Art, die Bedeutungen, die wir im Laufe der Zeit von der Außenwelt aufgenommen haben, zu verbinden. Da Elektromagnetismus Licht ist, können wir sagen:

Die Welt ist Licht. Die Menschen können miteinander kommunizieren und auf diese Weise die Bedeutung der Zeichen, die jeder von ihnen herausgefunden hat, mit seinen eigenen vergleichen. So entsteht eine Konvention über die einzige Bedeutung für die betreffende Gruppe abstrakter Zeichen. Die Konvention über die Zeichen der Umwelt lernen wir durch die Erziehung. Die Erziehung bietet uns vorgefertigte, rein konventionelle Bedeutungen für die Zeichen unserer Umwelt. Darunter können auch Bedeutungen sein, die unsere Phantasie lahmlegen, Tabuzonen errichten und alternative Erklärungen ausschließen. Ein Beispiel: Ich habe mal des Nachts vor dem Einschlafen, in diesem Zwischenstadium, ein Wesen durch das Fenster hereinschweben sehen, das aussah wie eine brennende Kerze, die Flamme zwiebelförmig, alles weiß-transparent. Dieses Wesen ging durch mich hindurch. Es war angenehm, ich hatte keine Angst. Ich wusste nicht, was das war. Viele Jahre später las ich bei Flower Newhouse, die dieses Wesen genau so beschrieb, das sei ein Nachtengel, ein Beschützer. An einen Engel zu denken wäre mir nie in den Sinn gekommen, weil ich ganz andere konventionelle Vorstellungen hatte.

Je mehr sich Erkenntnis mit konventionellen Bedeutungen durchsetzt, desto schwieriger ist es, Phantasie zu haben. Das sieht man sehr deutlich in den Naturwissenschaften. Max Planck sagte bezeichnenderweise: *„Eine neue wissenschaftliche Wahrheit pflegt sich nicht in der Weise durchzusetzen, dass ihre Gegner überzeugt werden und sich als belehrt erklären, sondern viel mehr dadurch, dass die Gegner allmählich aussterben und dass die heranwachsende Generation von vornherein mit der Wahrheit vertraut gemacht ist".*[40]

Die Mechanismen zwischen den Elektronen der Außenwelt und der Innenwelt, die Charon beschreibt, beziehen sich vor allem auf die Wahrnehmung und das Gedächtnis. Sie haben Bezug zu unserem Ego, das entstanden ist durch die Erfahrungen mit der Außenwelt, die in unseren Spiegelneuronen und im Nullpunktfeld gespeichert wurden. Die Entwicklung eines Egos in dieser dualen Welt ist wichtig für die Bildung einer Persönlichkeit. Es ist das Produkt aus dem Leben mit einem Gehirn in der 3-D-Welt. Unser wahres Selbst ist etwas Übergeordnetes, reine Lichtliebe, zu dem unser Ego die Verbindung sucht, obwohl die immer da ist (das kann ich sagen, weil ich es erlebt habe). Unser Verstand, unser Gehirn, bilden eine Barriere. Wenn das Gehirn abgeschaltet ist, bei Nahtoderfahrungen oder tiefer Meditation, ist das Erleben des wahren Selbst möglich. Unser Gehirn ist noch nicht fähig, das ganze Licht unseres wahren Selbst aufzunehmen und zu ertragen. Unsere Ich-Bin-Gegenwart ist mit unserem Körper verbunden, existiert aber auch ohne ihn. Sie hat einfach die Möglichkeit, im Körper ein Ego zu entwickeln. Jesus hat dieses Phänomen symbolisch erklärt, indem er sagte, Brot und Wein (Sonnensymbole für Licht und Liebe) seien auch sein Körper. Daran sollen wir denken, wenn wir essen. Also, sein Geist sei nicht nur in seinem Körper, sondern auch außerhalb. Das ganze sichtbare Universum hat das Bewusstsein des Sohnes. Es ist sein Leib und sein Blut. Schon Abraham verwendete die Symbole von Brot und Wein. Brot und Wein nähren uns mit dem Licht des Christus, dem geistigen und physischen Licht der Sonne. Es ist kein Zufall, dass Jesus Christus so viel von Licht sprach, und dass seine Geburt durch einen Stern angezeigt wurde.

Wie wir gesehen haben, besteht das Elektron aus Photonen. Materie ist durch physikalische Gesetze gebundenes Licht. Während unser höheres Selbst freier Geist ist, der überallhin projiziert werden kann.

Über die Liebe

Charon schreibt: „Die Liebe ist eine Erkenntnis besonderer Art, denn mit ihrer Hilfe können Elektronen (Photonen) untereinander komplementäre Bedeutungen austauschen, also verschiedene Bedeutungen ein und desselben Zeichens. Bei diesem Austausch ersetzt jedoch nicht ein Elektron die Bedeutung, über die es verfügte, durch jene, über die das andere Elektron verfügte; es ist vielmehr so, dass das Elektron nach dem Austausch über beide Bedeutungen verfügt; da diese aber komplementär sind, d. h. einander ergänzen, um das betreffende Zeichen vollständiger als bisher zu interpretieren, führt das zu einer Steigerung des Bewusstseinsgrads bei jedem einzelnen Elektron.

Die Liebe ist eine echte Sprache, da durch sie ein Elektron dem anderen das Zeichen und die Bedeutung, die jedes von ihnen dem Zeichen gegeben hat, übermitteln kann, und zwar ohne den Umweg über die Außenwelt (über Skalarwellen? Bewusstsein ist ja ein Resonanzphänomen). Die Liebe ist eine echte, telepathische Sprache."[41] Mit der Liebe können sich 2 Elektronen auf einen gezielten Austausch von Photonen synchronisieren. Erinnern wir uns in diesem Zusammenhang an die Worte Meyls: Wir können nur mit etwas reagieren, wenn wir eine Resonanz dazu haben.

Ich finde, das sieht man am besten am Augenkontakt von zwei Liebenden. Das ist ein telepathischer Austausch. „Die Grenzen der telepathischen Erkenntnis liegen in der Tatsache, dass ein Austausch nur stattfinden kann, wenn die beiden Elektronen ein und dasselbe Zeichen interpretiert haben. Und jedes von ihnen diesem Zeichen eine verschiedene Bedeutung gegeben hat. Doch der Vorteil liegt in der Verallgemeinerung. Dadurch können in einer zusammenhängenden Information verschiedener Facetten ein und dieselben Zeichen gespeichert werden, so als hätte man selbst ‚Kopf' interpretiert und könne nun durch die Liebe direkt im Geist des anderen ‚Adler' lesen. Bei jedem Elektron ist die Liebe die direkte Verbindung von Bewusstsein zu Bewusstsein."[42]

Doch läuft die Liebe in erster Linie durch das Herz und erst in zweiter durch den Kopf. Aber nicht durch den Herzmuskel, sondern durch das rein energetische Herzzentrum. Dieses Herzzentrum setzt einen mit dem physischen Körper verbundenen unsichtbaren, d. h. höherfrequenten Energiekörper voraus. Man kann Liebe nicht direkt mit physikalischen Mitteln messen. Eine Energieart kann in eine andere umgewandelt werden und die Umwandlungssignale, die während dieses Prozesses auftreten, lassen sich aufspüren, wie William Tiller an der Stanford Universität erforschte. Charon geht bei seinen Betrachtungen nur auf den physischen Körper ein. Doch der Biophotonenstrahl, eine elektrische Skalarwelle, verbindet alle Zellen miteinander und hat auch Verbindung zum Äther-Körper, der mit dem Äther, dem Nullpunktfeld, verbunden ist. Liebe ist offenbar ebenfalls ein Resonanz-Phänomen. Charon: „Die Erkenntnis ist die Verbindung des Geistes mit der äußeren Welt, die Zeichen kamen von der materiellen Welt, diesen wurde eine Bedeutung gegeben. Bei der Liebe tauscht ein Geist mit dem anderen komplementäre Bedeutungen für ein bestimmtes Zeichen der Außenwelt aus. D.h., dass sich die Bedeutungen aneinanderfügen und ergänzen, wie bei einem Puzzle, und uns so einem Zustand der Vollkommenheit näherbringen. Die Liebe ist also auch bereichernd auf der Ebene der Erkenntnis. Daher auch das Gefühl der Erfüllung, das wir empfinden, wenn wir diese komplementäre Bedeutung im Bewusstsein eines anderen Menschen entdecken, dieses Gefühl, 'mehr zu werden', weil unser Bewusstsein der uns umgebenden Welt sich vergrößert."[43]

Ich habe früher einmal darüber nachgedacht, was ich bei einem Menschen, in den ich mich verliebe, so besonders finde. Ich stellte fest, dass es immer etwas war, das ich auch hatte oder mir noch vermehrt wünschte. Außer der unaussprechlichen Anziehung war es eine gegenseitige Bereicherung durch den Austausch auf allen Ebenen. Das zeigt mir, dass die Anziehung zwischen zwei Menschen auf dem Resonanz-Prinzip beruht. Aber dieser Austausch auf allen Ebenen beschreibt das Phänomen Liebe, meiner Meinung nach, noch nicht vollständig. Was Charon herausgefunden hat, ist sicher ein wichtiger Mechanismus, ein Teil des Ganzen. Die Kraft der Liebe können wir nur erfahren, wenn wir in Resonanz mit dem kosmischen Christus sind. Wir können sagen, das Christus-Bewusstsein ist Licht/Liebe, eine Manifestation der Quelle, also des Vater-Gottes. Wir werden immer wieder auf das Urlicht/die Liebe, die eins sind, zurückgeführt.

Charon folgerte, dass die Liebe also zweier Wesen bedarf, die zu ihr bereit sind. In der wahren Liebe gibt es keine Vergewaltigung des Bewusstseins, die Gegenseitigkeit ist sehr wichtig. Er findet zudem, dass bei einer körperlichen Vereinigung die Verbindung von Geist zu Geist ebenso wichtig ist. Dies geschieht meiner Meinung nach durch die Augen. Wenn jemand dem Partner nie in die Augen sehen kann, ist es nicht der richtige Partner. Er ist nicht bereit zu einer totalen Verbindung. Charon betont, Liebe sei direkte Kommunikation von Geist zu Geist. Menschen, die einander lieben, könnten nur glücklich sein, wenn der andere das auch ist. Wahre Liebe sei immer wild, denn sie lebe außerhalb der gesellschaftlichen Konventionen. Das heißt aber nicht, dass lebenslange Liebe und Treue nicht existieren. Aber

Liebe ist eine Kraft, die sich nicht durch Konventionen einschränken lässt.

Was ist nun Hass? Charon stellt fest, dass es beim Kennenlernen von zwei Menschen vorkommen kann, dass die Bedeutungsinhalte ihres jeweiligen Geistes einander widersprechen oder zumindest nicht kompatibel sind. In solchen Fällen hätten wir es mit Hass oder Abneigung zu tun. Der Hass sei keine Kommunikation von Geist zu Geist, sondern vielmehr das Fehlen jeder Kommunikation (das finde ich sehr interessant, haben wir doch gesehen, dass Leben, Existenz Kommunikation ist). Es werden nicht etwa einander widersprechende Bedeutungen ausgetauscht, wie Dinge, die zwei Menschen sich im Streit an den Kopf werfen. Charon glaubt, der Geist (ich würde sagen: das Ego) besitze keine Mechanismen, mit denen er mit einem anderen Geist andere als komplementäre oder zumindest kompatible Bedeutungen austauschen könne (Gesetz der Resonanz). Wenn sie versuchen, einander wehzutun, seien das Taten, keine Kommunikation. In diesem Sinne sei Hass antievolutionär.

Der Mensch, der keinen Austausch mit anderen hat, isoliert sich und ist scheinbar nicht mehr verbunden. Ich sage bewusst scheinbar, denn im Universum ist alles mit allem verbunden. Aber im Zustand des Hasses schneidet sich ein Mensch von den anderen ab und sitzt in seiner selbstgemachten Hölle, die aus seinen Definitionen und Vorstellungen gebildet wird. Was soll jetzt jemand tun, der nur Bedeutungen zur Hand hat, die den Vorstellungen der anderen völlig widersprechen und der deshalb unfähig ist zu echter Kommunikation? Charon meint, auf jeden Fall sollte er nicht glauben, dass nur er recht hat und den anderen aggressiv abqualifizieren. Er muss auf eine wichtige Eigenschaft seines Geistes zurückgreifen, die Reflexion. Mit ihrer Hilfe kann man, ausgehend von Deutungen, die man bereits gefunden hat, neue Be-Deutungen für Zeichen aus der Außenwelt erfinden. Er muss auch seine eigenen Deutungen in Frage stellen können.[44]

Man kann aber echte Kommunikation nicht erzwingen. Viele Menschen haben große Mühe, sich in Frage zu stellen. Man könnte etwas vereinfacht sagen: Alle Probleme der Menschen sind Kommunikationsprobleme (auch Krebs ist ein

Kommunikationsproblem in und zwischen den Zellen). Wie schwerwiegend diese Probleme sind, hängt vom Bildungs- und Entwicklungsstand jedes einzelnen Menschen ab. Von einem Menschen kann man nur das erwarten, was in seinen momentanen Möglichkeiten liegt, und das wiederum ist abhängig davon, was an Information und Schlussfolgerung in seinen Elektronen und Biophotonenstrahlen gespeichert ist. Daher ist Bildung – als individuelles und gesellschaftliches Anliegen – ein äußerst wichtiges Ziel.

Ich glaube, Hass entsteht häufig dann, wenn Menschen sich ihre bewusste oder unbewusste Sehnsucht nach Liebe und Akzeptanz nicht erfüllen können.

Selbsthass entsteht durch Herabsetzung durch Autoritätspersonen, vor allem durch Eltern oder wichtige Bezugspersonen in der Kindheit. Wir Menschen müssen zuerst lernen, uns selbst zu lieben. Die Entwicklung des Hasses zeigt deutlich, dass die Liebe das Wichtigste für den Menschen ist. Macht über andere Menschen und viel Geld und materieller Besitz sind lediglich Ersatzbefriedigungen. Doch der Witz bei all unseren Anstrengungen ist, dass wir uns das ganze Leben um etwas abmühen, das wir immer schon sind: Liebe. Aber da das Gehirn eine Barriere für unser wahres Selbst, das Lichtliebe ist, darstellt, nehmen wir das kaum wahr. Darauf kommen wir später noch zurück.

Ich bin auch überzeugt, dass es das Ziel des Menschen ist, seine Göttlichkeit im menschlichen Körper wiederzuentdecken. Jesus sagte ja auch: „Steht nicht in eurem Gesetz geschrieben: ‚Ich habe gesagt, ihr seid Götter?'" (Johannes 10.34)

Ich betrachte Charon und Muheim als Vorläufer von Nassim Haramein. Dieser hat offenbar als erster die Theorie eines einheitlichen, fraktalen und holografischen Universums aufgestellt. Er nennt dies: „Connected Universe". Muheim hat das wahrscheinlich auch so gesehen, doch er hat viele seiner Erkenntnisse gelöscht, bevor er gestorben ist. Wahrscheinlich war Muheims Denken im letzten Jahrhundert seinen Zeitgenossen so weit voraus, dass die Bedeutungsinhalte seines Geistes mit denen seiner Kollegen nicht kompatibel waren. Es fehlte die Kommunikationsmöglichkeit, sodass er nicht mehr daran glaubte, dass die Mainstream-Physik sein Gedankengut einmal aufnehmen könnte. Ich hatte eine kurze persönliche

Begegnung mit ihm, der ich das entnehmen konnte. Er hat u. a. das 3. Auge physikalisch-mathematisch erklärt und auch die mathematische Ableitung dazu gemacht. Da ich schon ein paar Mal mit dem 3. Auge gesehen habe, war das wichtig für mich. In seinem Artikel Zur Quantenstruktur des 3. Auges schrieb Muheim: „Naturwissenschaftlich betrachtet ist das 3. Auge ein vollendetes Faktum. Auch wenn noch niemand dieses Phänomen gesehen hätte, müsste man es wechselwirkungskosmologisch, physikalisch wie biologisch postulieren."

Hinsichtlich kommunikativer Anschlussmöglichkeiten hat es Nassim Haramein gegenwärtig schon besser. Die Professorin Elizabeth Rauscher arbeitet mit ihm zusammen und die beiden haben einige gemeinsame Papers herausgegeben. Nicht zuletzt überstanden seine Theorien auch eine Peer Review.

Das Paul Scherrer Institut hat herausgefunden, dass das Proton viel kleiner ist, als bisher angenommen wurde, was Haramein in seinem Paper Quantum Gravity and the Holographic Mass exakt vorausgesagt hat.[45] Harameins Vorstellungen, dass Schwarze Löcher auch Energie ausstrahlen, wurde aber jahrzehntelang abgelehnt. Bereits als

Jugendlicher hatte er in seinem ersten Geometrieunterricht Erlebnisse, die ihn stutzig machten. Man wollte ihm beibringen, dass ein Punkt nicht existiere, weil er kein Volumen habe. Eine Linie, die aus lauter Punkten besteht, eine Fläche und ein Würfel, der aus Flächen gebildet wird, existieren hingegen. Haramein fand stattdessen, dass der Punkt eine existente Sache sei, und dass dieser Punkt eine Unendlichkeit in sich trüge und alles sich unendlich teilen ließe. Wenn aber die Unendlichkeit in jedem Punkt komprimiert sein kann, wie kommt es dann, dass wir endliche Grenzen haben? Wie können wir einen endlichen Raum in einem unendlichen Potenzial haben? Wie passt das zusammen? Damit stieß er auf die fundamentalen Schwierigkeiten der Physik.

Der derzeitige Knackpunkt der einheitlichen Feldtheorie besteht im Umgang mit Unendlichkeiten und Singularitäten. Haramein erkannte, dass man in der Physik immer versuchte, Unendlichkeiten mit Renormierungsprozessen zu vermeiden, oder mit mathematischen Tricks, indem man z. B. die Masse gleich Null setzte und so die Gravitation vernachlässigen konnte. So war es aber nicht möglich, zu einer einheitlichen

Feldtheorie zu gelangen. Einen Schlüssel, der das Unendliche mit dem Endlichen zusammenbrachte, fand Haramein schließlich in der Geometrie, und zwar in der fraktalen Geometrie. Fraktal heißt gebrochen und beschreibt eine Wiederholung einer bestimmten Struktur in sich selbst. Haramein zeichnete z. B. einen Kreis mit einem gleichseitigen Dreieck. Da das Universum polar aufgebaut ist, zeichnete er ein weiteres mit der Spitze nach unten hinein. Das ergab ein uraltes Symbol, das Hexagramm. Auf die sechs kleinen Dreiecke lassen sich weitere umgekehrte Dreiecke setzen. Diese fraktale Struktur lässt sich unendlich fortsetzen. Jede neue Auflösung kreiert eine neue Grenze. Unendlichkeit und Endlichkeit sind keine Widersprüche mehr. Die Natur ist fraktal aufgebaut, dies sieht man in den Verästelungen der Bäume, dem inneren Aufbau unserer Lunge etc.[46]

Haramein sah, dass in der Forschung immer nach dem fundamentalen Teilchen gesucht wurde, kam selbst jedoch zu dem Schluss, dass es hilfreicher wäre, nach dem fundamentalen Muster in der Schöpfung zu suchen. Wenn wir das Muster verstehen, spielt es keine Rolle mehr, aus welcher Auflösung heraus wir die Identität betrachten.

Wenn wir das Prinzip der Identität verstehen, haben wir den Schlüssel zur Schöpfung. Das würde unsere Vorgehensweise in der Physik gewaltig ändern und ebenso unser Verständnis der Beschaffenheit und Struktur des Universums. Dieses Prinzip der Schöpfung fand Haramein im Schwarzen Loch. Wir würden in einem Schwarzen Loch leben, meinte er, darum sei es in der Nacht auch dunkel.

Die Idee von einem Einheitsfeld vertrat auch Heisenberg. Auch für ihn war es wichtiger, nach der Natur des Feldes zu suchen, anstatt nach kleinsten Teilchen.

Wenn unser Universum expandiert, muss es etwas Kontrahierendes geben, es muss eine Rückkopplung geben zwischen Expansion und Kontraktion. Diese Überlegung führte zur Beziehung zwischen dem Gravitationsfeld und der elektromagnetischen Strahlung. Haramein vermutete, dass es ein inneres und ein äußeres Universum geben müsse. Das Atom ist 99,99 % leerer Raum. Der Raum ist die Unendlichkeit und die Grenzen sind die endlichen Strukturen; das Feld ist endliche Struktur. Das Universum ist so dicht, dass Licht es nicht verlassen kann. Daher schlussfolgerte Haramein, es müsse aus unterschiedlich großen Schwarzen Löchern bestehen.

Ich bin davon überzeugt, dass er recht hat. Das Schwarz-Loch-Prinzip findet man überall in der Schöpfung.

Haramein hat herausgefunden, dass die biologische Auflösung die Verbindung zwischen dem Großen und dem Kleinen ist. Die Zelle ist in der Mitte der Scaling Law for all organized matter, die nachweist, dass alle Strukturen im Universum, von der Plancklänge bis zum Universum selbst, eine perfekte fraktale Skalierung auf Grundlage der Schwarzschild-Gleichung darstellen, die üblicherweise für die Beschreibung der Schwarzen Löcher verwendet wird. Wir Menschen sind also gewissermaßen der Ereignishorizont.[47] Wir sind die Datenübertragungsgrenze zwischen dem extrem Großen und dem extrem Kleinen. Wir transferieren die Information durch unsere eigenen Grenzen in die Unendlichkeit des eigenen Universums. Jeder kann sich als Zentrum der Schöpfung betrachten – und doch sind wir alle eins. Wir sind die Rückkopplungsschleife der

Information zwischen der Strahlungsseite und der Kontraktionsseite. Seit 20 Jahren postuliert Haramein, dass die Information nicht nur in die Schwarzen Löcher hineinfließt, sondern auch aus ihnen heraus.[48] Damit stieß er auf Ablehnung. Doch vor ein paar Jahren hat Stephen Hawking öffentlich verkündet, dass Schwarze Löcher Informationen ausstrahlen, und zwar kohärente Informationen.[49]

Am 02. Mai 2016 wurde in Die Welt berichtet, die NASA beobachte zum ersten Mal, wie etwas aus einem Schwarzen Loch herauskomme. Das waren Strahlen im Röntgenenergiebereich. Dan Wilkins von der Saint Mary's University sagte dazu: „Zum ersten Mal konnten wir den Hochstart einer Korona mit einem Flackern in Verbindung bringen. Das wird uns dabei helfen, zu verstehen, wie supermassive Schwarze Löcher einige der hellsten Objekte im Universum mit Energie versorgen."[50] Fiona Harrison merkte dazu an, dass der Ursprung der energetischen Quelle „mysteriös" sei.[51]

Mit Instrumenten des Very Large Telescope am Paranal-Observatorium, der europäischen Südsternwarte in Chile, hatten die Forscher festgestellt, dass von dem Schwarzen Loch mehrere mächtige Materiewinde ausgehen. Darin fanden sie neue Sterne.

Prof. Karsten Danzmann sagt, Gravitationswellen entstehen, wenn große Massen aufeinandertreffen und miteinander verschmelzen, bspw. zwei große Schwarze Löcher. Er konnte dabei ein Rauschen, ein Klingen der Schwarzen Löcher nachweisen.

Das erinnert mich an den Schöpfungsbericht: „Am Anfang war das Wort." (Johannes 1,1) Der Anfang – ein Ton.

Wissenschaftler wollen das Rätsel des Bermuda Dreiecks lösen. Sie kamen auf die Idee, dass sich dort ein Schwarzes Loch befinden könnte. Im Bermuda Dreieck verschwinden Schiffe und Flugzeuge, weil sich das Magnetfeld plötzlich ändert und die Orientierungsinstrumente ausfallen. Außerdem liegt dem tiefsten Graben im Atlantik der tiefste Graben im Pazifik gegenüber. Die Japaner sprechen dort von einem Drachendreieck, in dem ebenfalls Schiffe verschwinden. Möglicherweise sind Schwarze Löcher durch die Erde hindurch miteinander verbunden. Das würde mich nicht wundern. Die Sonne hat ihre Schwarzen Löcher und die Erde wird sie auch haben. Nach Haramein funktioniert alles nach dem Schwarz-Loch-Prinzip.

Quantenphysik und Relativitätstheorie sind nicht kompatibel. Haramein hat eine neue Lösung der Einstein'schen Feldgleichungen gefunden: Der Ursprung der Rotation, die Berücksichtigung des Drehmomentes und der Coriolis-Kräfte in der Einstein'schen Feldgleichung und die große Einheitsfeldtheorie. Die Raumzeit ist die Quelle für die Rotation, die Coriolis-Kräfte und das Magnetfeld.

Haramein entledigte sich auch der starken und schwachen Kräfte. Das seien Erfindungen der Menschen, die nichts mit der Realität und den Atomen zu tun hätten. Die starke Kraft hat mit der Gravitation in der Nähe einer Singularität zu tun. Das Vakuum (Nullpunktfeld) ist eine hochstrukturierte kohärente Energie, die das Atom nährt und die Dynamik produziert, die wir als Partikel oder Elektrodynamik sehen. Aus dieser Sicht wird die starke Kraft zu einer Gravitationskraft in der Umgebung eines kleinen

Schwarzen Lochs, welches durch die Vakuumstruktur erzeugt wurde. Das Elektron dreht sich annähernd mit Lichtgeschwindigkeit.

Die Kraft, welche die Galaxie rotieren lässt, ist die Raumzeit-Drehkraft. Doch woher kommt die? Haramein denkt, dass das Universum durch ein großes Schwarzes Loch geschaffen wurde, das instabil wurde und gewissermaßen zu dem Universum explodierte, das wir jetzt sehen. Wir beobachten heute von der Außenseite kleinere und größere Schwarze Löcher. Die kontrahierende Seite ist ja die innere Seite des Universums, und weil wir auf der Außenseite sind, sehen wir nur den expansiven Aspekt, die Strahlung der Sterne. Da wir von der kontrahierenden Seite beinahe nichts wissen, basiert unsere traditionelle Physik fast nur auf Strahlung.

Nach Charon ist die innere Seite des Universums die Raumzeit des Geistes. Wenn ich das höre, rattert oder funkelt es in der inneren Raumzeit der Elektronen meines Gehirns. Frances Banks sagte im Buch Das Zeugnis des Lichts von Helen Greaves folgendes, was das Außen und Innen betrifft: „Das irdische subjektive Innenleben wird in dem neuen Zustand (Jenseits,

Nullpunktfeld) hier zum objektiven. Der Mensch webt durch Gedanken und Inspirationen selbst seinen zukünftigen Platz im Unendlichen. Ich dachte, ich sei real genug auf der Erde. Nun erkenne ich, dass das, was wichtig, wertvoll und substantiell schien, nur der Schatten eines Schattens war."[52]

Biopsychophysischer Parallelismus

Ich habe mir überlegt, wie die Sinnesorgane/ Körperöffnungen nach dem Schwarz-Loch-Prinzip funktionieren könnten.

1) Das Gehirn und das Herz sind die Schwarzen Löcher der Lichtzentrale und der Lebens- Kraft/Liebe, also der Sonne, im Menschen. Rückenmark und periphere Nerven stehen für den Dimensionswechsel, im Gehirn geschieht der schöpferische Prozess, verbunden mit dem Ich-Bin. Gehirn und Herz sind durch Nerven und Blutgefäße verbunden, versorgen alle Organe und führen bis an die Grenzen unseres Körperuniversums und wieder zurück. Sie sind die Symbole für das Prinzip der Sonne in unserem Körper, sind seine lebenswichtigen Hauptorgane und sie weisen auf unser wahres Selbst hin, das Licht und Liebe ist. Im Geist sind Licht und Liebe eins, im Körper dual. Das Gehirn ist Symbol für das Licht, das Herz für die Liebe, die Kraft. In der Embryologie sieht

man ja, wie sich aus dem Herzschlauch durch einen Drehimpuls das Herz bildet, ein Organ der Kraft und der Liebe. Die übrigen Organe unseres Körpers sind, in Analogie zum Sonnensystem, die Planeten. Sie werden alle versorgt von Gehirn und Herz, unserer inneren Sonne. Die Planeten helfen dem Stern, Erfahrungen in der materiellen Welt zu machen, ebenso, wie unsere Organe uns helfen, die materielle Welt zu erfahren. Wir brauchen alle Organe, um hier zu leben. Da kommt bei mir sofort die Frage auf, ob alle Sterne Planeten haben. Die heutigen Astronomen nehmen dies an. Bewiesen ist das jedoch nicht. Zum Auge habe ich schon etwas im Kapitel über Charon gesagt. Das Auge empfängt das Licht von der Außenwelt. Die erste Verarbeitung findet schon in der Netzhaut statt. Dann geht es weiter ins Gehirn, in unsere „Lichtzentrale". Unser Licht (Geist) spiegelt sich in unseren Augen. Mit unseren Augen nehmen wir den Geist wahr, von Geist zu Geist. Und er kommt aus dem „Schwarzen Loch" der Pupille.

2) Mit dem Mund nehmen wir a) physische Nahrung auf. Die Nahrung kommt in den Magen, wird umgewandelt, dann in den Darm, um hier dem Körper zur Verfügung gestellt zu werden. Die Reste werden wieder ausgeschieden. (Den Vorgang der Verformung, der einem Objekt widerfährt, das einem Schwarzen Loch zu nahe kommt, nennt Hawking lustigerweise Spaghettisierung.) b) Der Mund als Schwarzes Loch zieht Luft hinein und stößt sie auch wieder aus, bspw. in Form von Worten als Ausdruck unseres Geistes. Der Mund ist ein kreatives Schwarzes Loch. Unser Wille wird mit ihm kundgetan. Aber auch Musik – Gesang – kann ihm entweichen. *„Am Anfang war das Wort"* (Johannes 1.1) – der göttliche Wille, der sich im Kosmos durch die Schwarzen Löcher äußert.

3) Das Ohr ist die perfekte Abbildung eines Schwarzen Lochs. Die Schallwelle kommt von außen hinein. Das Trommelfell ist der Ereignishorizont. Was wir abgeben, ist unsere eigene Melodie, die so hochfrequent

ist, dass wir sie mit den physischen Ohren so wenig hören wie die Gedanken. Jeder Mensch ist eine Melodie des Schöpfers, zusammen bilden wir die kosmische Symphonie. Heisenberg sprach von der Melodie eines Atoms. Unsere von unserem Ich-Bin geprägten Atome geben ihre Melodie ab.

4) Die Nase symbolisiert das Urprinzip, das Ein- und Ausatmen. Dadurch sind wir mit dem ganzen Universum verbunden. Man führe sich nur mal vor Augen, wo die Atome, die wir einatmen, schon überall gewesen sind: im Körper eines Elefanten, in unserer Katze, in einem Schwein ... Die Mango, die wir essen, wurde mit Wasser genährt, das zuvor von der Nase eines Asiaten im Regen herabtropfte. Harlow Shapley, Astronom an der Harvard Universität, errechnete sogar, dass wir Atome einatmen, die vor 2000 Jahren Teil des Jesus von Nazareth gewesen sind. Ursprünglich sind alle unsere Atome aus Supernovae-Explosionen entstanden. Wenn wir zu diesem Aspekt noch das

Prinzip der Verschränkung hinzunehmen, ist wirklich alles mit allem verbunden. Beim Ausatmen geben wir automatisch die Atome mit unserer körperlichen und geistigen Prägung ab. Kein Atom vergisst, wo es einmal gewesen ist.

5) Auf der Haut entsteht durch den Druck von außen mit irgendeinem Material eine Delle, das Signal wird ans Gehirn weitergeleitet, wir geben dem Material die Information unserer Zellen ab.

6) Beim Coitus gelangt der Samenstrahl durch die Vagina (schwarzer Tunnel = Dimensionswechsel) in die Gebärmutter (Schwarzes Loch). Dort findet der kreative Prozess, die Genesis, statt. Durch den schwarzen Tunnel wird zuletzt dann das Kind geboren. Auf der entgegengesetzten Seite des Uterus befinden sich zwei „Schwarze Tunnel", die Eileiter, durch die das Ei in den Uterus gelangt. In der Grobstofflichkeit ist alles dual. Daher symbolisieren die Geschlechtsorgane bei der Frau das Schwarze Loch und beim Mann den Lichtstrahl.

7) Bei Nahtoderfahrungen wird das Bewusstsein durch den schwarzen Tunnel (Dimensionswechsel) gesogen und kommt ins Licht. Hier ist das Schwarze Loch nicht dunkel, weil es die geistige Ebene ist. Es findet ein Erkenntnisprozess statt (es ist möglich, an jedem Zeitpunkt zu verweilen und die entsprechende Information im Schwarzen Loch zu erhalten). Dann kehrt das Bewusstsein erweitert durch den schwarzen Tunnel in den Körper zurück.

8) Ich könnte mir sogar vorstellen, dass ebenfalls ein kreativer Gedankenprozess nach dem Schwarz-Loch-Prinzip funktioniert. Schwarze Löcher entstehen ja durch Energiekonzentrationen, und Gedanken sind ebenfalls Energien. Wenn wir an einem Problem herumstudieren, fokussieren wir die Energien, dann könnte ein Schwarzes Loch entstehen, das Gedanken anzieht, die in Resonanz zu unseren Gedanken schwingen. Das Schwarze Loch zieht diese Gedanken an – und uns „geht ein Licht auf". Das ist ein kreativer Prozess und wir strahlen die

neuen Gedanken dann aus. Es sind Skalarwellen, die die neuen Gedanken ausstrahlen.

Der Physiker Jules Muheim sagte, dass das ganze Universum, auch wir, aus Gedankenformen aufgebaut sei. Vielleicht geschieht das durch die Schwarzen Löcher.

Dies ist meine Vorstellung: Das Leben ist ein andauerndes Geben und Nehmen. Das entspricht dem Schwarz-Loch-Prinzip. Im Schwarzen Loch findet ein schöpferischer Prozess, eine Verwandlung, statt, dem ein Dimensionswechsel am Anfang (Tunnel) vorangeht. Die Sinnes- resp. Wahrnehmungsorgane funktionieren nach dem Schwarz-Loch-Prinzip.

Es wurde ja lange bestritten, dass Schwarze Löcher auch etwas ausstrahlen. Ich habe mich immer damit beschäftigt, warum etwas ausstrahlt und wie genau dieser Prozess im Detail abläuft. Wenn ich jetzt in Analogie zu unseren Augen darüber nachdenke, sehe ich, dass es mein kreatives Ich-bin ist, das Licht aus den Augen ausstrahlt und meine Informationen abgibt.

Letzthin brauchte ich eine „Mausefalle". Die Masse ist aufgehängt in der Falle. Die Maus kommt herein und durch ihre kinetische Energie schnappt die Falle zu. Sie ist drin und kann nicht mehr heraus, aber der Mensch, der die Falle gemacht hat, kann sie öffnen und die Maus kommt wieder frei. Ist es nicht so, dass der Schöpfer der Mausefalle diese auch handhabt? Es kommt die Information heraus, die er geben will. Er spielt mit seinem selbstgeschaffenen Prinzip und ist der Lenker. Ich meine natürlich nicht, dass die Mausefalle ein Schwarzes Loch ist, aber sie hat mich auf die Idee gebracht, dass der Schöpfer eines Prinzips dieses auch handhabt und dass das im Fall des Schwarz-Loch-Prinzips „Gott" ist. Es gibt Physiker, die sagen, das Atom sei eigentlich nichts als Raum in Bewegung im Vakuummeer, resp. im Nullpunktfeld. Aber der Bewegungsimpuls muss geschaffen werden, von einem Zentrum – und dieses Zentrum ist meines Erachtens der Schöpfer. Hans Stolp zitiert in seinem Buch *Michael – Der Erzengel des Neuen Zeitalters* Rudolf Steiner: In Zukunft, so Steiner, würden in kürzeren, periodischen Abständen mehr Sonnenflecken sichtbar werden. Das bedeute, dass mehr solare

Weisheit auf die Erde käme. Nach Nassim Haramein sind Sonnenflecken Schwarze Löcher. Das bedeutet, dass der Geist durch Schwarze Löcher herausstrahlt. Bei der Sonne ist es der solare Logos, der Christus-Geist. Je nach Schwarzem Loch ist es eine andere Stufe von Geist. Unser Schöpfer-Geist strahlt aus dem Schwarzen Loch unserer Augen. Auch in unseren Zellen herrscht das Schwarz-Loch-Prinzip, sie strahlen Biophotonen-Skalarwellen aus.

Wenn man rein mathematisch betrachtet, wie lange es dauern würde, bis ein Grashalm geschaffen wird oder gar ein Mensch – das habe ich vor einiger Zeit mal gehört – würde das viel länger dauern, als die Zeit, die die Entstehung des ganzen Universums gebraucht hätte. Ich kann nicht nachprüfen, ob das stimmt, dennoch wäre auch dies wieder ein Hinweis dafür, dass da ein lenkender Schöpfer seine Hand im Spiel hat. Allerdings ein Schöpfer, der nicht nur lenkt, sondern auch geschehen lässt. Das lässt sich gut am Beispiel der Schneeflocke erkennen: Die Auskristallisierung in sechs Strahlen bildet die stabilste Form. Aber die vielen Variationen in diesen sechsstrahligen Gebilden liegen in den schöpferischen Schwarzen Löchern der Wassermoleküle. Ich würde sagen, es gibt eine „Schwarz-Loch-Intelligenz" in allem, was ist. Bspw. findet sich dieser eigenschöpferische Teil in den Pflanzen, der sie sich optimal entwickeln lässt. So können sich Pflanzen der Umgebung immer wieder anpassen. Aus diesem Grund erscheint mir auch die Genmanipulation von Pflanzen problematisch. Die Pflanze „weiß" besser, was für sie optimal ist. Wir hingegen wissen ja kaum, was wir tun, wenn wir in den schöpferischen Prozess der Pflanze eingreifen. Die Pflanze ist genauso ein lebendiges Wesen wie wir, das mit dem Nullpunktfeld im Austausch steht.

Wir sind nach dem Ebenbild des Schöpfers geschaffen. Wir sind ein Universum im Universum. Die Materie ist Symbol des geistigen Prinzips in uns. So ist z.B. das Prinzip des Geistes, also der Erkenntnis, der Information, sowohl in der Sonne, als auch im Auge und im Gehirn abgebildet. Unser Körper ist ein Abdruck des Sonnensystems und damit des gesamten Universums. Ich erinnere mich, wie ich als etwa Zwanzigjährige in mein Tagebuch schrieb: *„Im Menschen ist eine Kraft, die nach*

Erkenntnis drängt, die göttlich ist." Ich schrieb von einem psychophysischen Parallelismus. Das heißt, ich sah in den physischen Phänomenen immer ein geistiges Pendant. Bspw. fand ich zum physischen Licht eine Analogie im geistigen Licht. So sehe ich es jetzt auch mit den Schwarzen Löchern. Die Sinnesorgane/ Körperöffnungen als Schwarze Löcher sind eine Analogie. Was ich noch interessant und lustig finde, ist, dass das größte Schwarze Loch in unserem Körperuniversum, von außen gesehen, der Mund ist. Die Lippen sind sozusagen der Ereignishorizont. Ich habe mich daher gefragt, ob zwei Schwarze Löcher sich auch anziehen können. Tatsächlich haben Wissenschaftler die Verschmelzung von Schwarzen Löchern beobachtet, und festgestellt, dass Schwarze Löcher Gravitationswellen aussenden. [53] Im übertragenen Sinne ist das Liebe. Der Mund ist auch der Schöpfer des Wortes. Doppelsterne werden gravitativ (durch die Liebeskraft des „Sternenmachers") zusammengehalten. Ich glaube mit Haramein, dass alle Anziehungskräfte Gravitationskräfte sind.

„Am Anfang war das Wort." (Johannes 1.1) Mit der Wissenschaftsautorin Manjir Samanta-Laughton könnte ich sagen, dass die Schwarzen Löcher die

Quelle des Schöpfer-Geistes sind. Ist das Schwarz-Loch-Prinzip nicht das Urprinzip von Kommunikation und Kreativität, verbunden mit einem Dimensionswechsel? Bei den Schwarzen Löchern geht immer etwas hinein und es kommt auch wieder etwas hinaus. Im Innern passiert der kreative Prozess. Aber je nach Beschaffenheit unseres Ich-Bin hat das, was wir geistig abgeben, eine höhere oder niedrigere Frequenz. D. h., unser geistiger Output ist heller oder dunkler und damit prägen wir das Universum. Betrachten wir noch einmal die Augen: Physisches Sonnenlicht fällt hinein und Biophotonen-Skalarwellen, die nicht sichtbar sind, treten aus. Nach Meyl sind Biophotonen-Skalarwellen ein Spezialfall von Skalarwellen. Skalarwellen sind sonst magnetische Informationswellen. Wir ziehen das an, zu dem wir eine Resonanz haben.

Wir erschaffen Licht oder Dunkelheit. Das Universum ist fraktal und holografisch. Wir teilen allen alles mit, merken es jedoch nicht. Ich glaube, das ist es, was Muheim und Haramein meinten, als sie sagten, wie wichtig und einflussnehmend wir Menschen seien. Wir merken gar nicht, wie viel Müll wir mit unseren ewigen Bewertungen abgeben und damit uns selbst und andere unglücklich machen. Wie viele falsche Muster und Definitionen haben wir aus unserer Begrenztheit in der 3-D-Welt generiert. Aber wir geben auch alle unsere Erkenntnisse ins Universum ab. Es ist nicht notwendig, dass wir Menschen uns selbst geringschätzen. Auch wenn wir ab und zu Dummheiten machen, so sind wir doch Teil des Schöpfers. Wir haben uns unsere Welt erschaffen, aus subjektiven Wahrheiten, die je nach Offenheit und Bildung weiter oder enger sind. Unser Ich-Bin ist das Entscheidende. Es erschafft. Wenn wir mehr aus der unfassbaren Kraft der Liebe agieren und reagieren könnten, als mit dem Bewertungssystem unseres Verstandes, sähen unsere Schöpfungen anders, lebensbereichernder aus.

Ein Physiker, der das fraktal-holografische Modell von Haramein kennt, auch das der Quanten-Gravitation, der aber anonym bleiben will, sagte Folgendes: *„Die Quelle des Bewusstseins liegt nicht im Innern des Körpers oder des Gehirns, sondern ist eine Qualität der Netzstruktur von Raumzeit selbst, von der grundlegenden Dynamik und Funktion eines Informationen verarbeitenden Schwarz-Loch-*

Universums. Der biologische Körper ist mehr ein Sende- und Empfangsgerät für das Bewusstsein. Wir leben im Innern eines großen Schwarzen-Lochs."
Wir sind also immer im Austausch mit dem Schwarz-Loch-Universum.

Das wahre Naturgesetz sei die Liebe, sagt Muheim. Sie ist meiner Ansicht nach die treibende, belebende Kraft (Drehimpulsherz) im kleinsten Teilchen und in den größten Galaxien. Die Physik kann die Strukturen beschreiben und den jeweiligen Kräften Namen geben, aber damit weiß sie nicht, was für Kräfte das sind und woher sie wirklich kommen. Es ist so enorm wichtig, zu sehen, dass wir uns unsere Realität schaffen und dafür verantwortlich sind. Auch wenn wir das erkennen, ist es nicht so einfach, die falschen Muster und Definitionen, die wir in unseren Spiegelneuronen und dem Nullpunktfeld gespeichert haben, loszulassen. Wenn wir uns daran erinnern, dass die wahre Essenz jedes Menschen Licht/Liebe ist und wir uns auf das wahre Zentrum, das Herz, fokussieren, gelingt es besser. Das Ablassen von Urteilen und Bewertungen ist für uns ein ungewohnter Akt, der immer wieder geübt werden muss.

Die Anatomie der Seele

Rudolf Steiner vertrat, ebenso wie O. M. Aïvanhov, die These, dass es einen Energiekörper (Ätherkörper), einen Mentalkörper und einen Gefühlskörper (Astralkörper) gebe, in dem das Ich-Bin wie ein Schwert in der Scheide stecke. Der Energiekörper ist ein genaues Pendant zum physischen Körper, er ist sozusagen die Matrix. Die anderen Körper sind größer als der physische Körper. Alle sind untereinander verbunden. Im Traum lösen sich Astral- und Mentalkörper vom physischen Körper, im Tod oder bei Nahtoderfahrungen trennt sich auch der Energiekörper ab, ebenso in Zuständen des Schocks. Man kann das durch Wiegen feststellen. Die unsichtbaren Körper sind ca. 100 g schwer und bestehen möglicherweise aus Neutrinos. Auch die neue Physik hat Energiefelder festgestellt, die von unserem Körper ausgehen. Alle Organe besitzen solche Energiefelder und jede Zelle strahlt Biophotonen aus.

Die unsichtbaren Körper bilden eine Trinität: Vater – Energie, Sohn – Liebe, Geist – Mental. Durch unsere Gefühle, Gedanken und Energien stärken wir eine noch höhere Trinität: Konstruktive Gedanken nähren den Kausalkörper. Gefühle der Liebe und Freude und z. B. das Hören von Musik nährt den Buddhakörper (Lichtkörper). Die höchste Stufe ist, wenn sich der Energiekörper zum Atmankörper wandeln kann. Vom Atmankörper aus kann der physische Körper materialisiert werden. Das Ich-Bewusstsein kann dann Licht/Liebe in materielle Form gießen. Dies ist die Stufe, die Jesus erreicht hat. Darum hat er den Tod überwunden. Buddha hat den Lichtkörper voll entwickelt, er war erleuchtet.

Alle Körper haben sogenannte Chakras. Das sind hochfrequente Energiezentren, eine Art Antennen, unsichtbar für das physische Auge, die möglicherweise auch nach dem Schwarz-Loch-Prinzip strukturiert sind. Wenn sie offen sind, entspricht die Geometrie einem Doppel-Torus. Nach William Tiller strahlt das Herz-Chakra stärker, als das Chakra des Gehirns. Auch reagierte das Herz-Chakra bei seinen Experimenten schneller als der Verstand. Die Chakras speichern alle unerlösten psychischen Wunden und unerledigten Themen. Nach diesen Themen werden vor der Geburt die Eltern ausgesucht, um sie dann für die Seele sichtbar und bearbeitbar zu machen. Nach Sibylle Weizenhöfer erfüllt die Kindheit immer die Funktion, alle unerlösten Wunden in den Chakras zu aktivieren. Die Seele des Erwachsenen muss gereift sein, um die Wunden transformieren zu können. Wir nennen das in der Psychologie: „den Schatten integrieren". Die Chakras nehmen Energie aus dem Kosmos auf, sie werden mit göttlicher Energie versorgt. Rudolf Steiner hat dies alles mit seinem Dritten Auge gesehen, sein entsprechendes Chakra war offen und verbunden mit der Zirbeldrüse. In diesem Zustand kann man auch Verstorbene sehen. Darum gibt es auch sogenannte Medien, die in die „jenseitigen Sphären" sehen können. Menschen mit einer Nahtoderfahrung sehen ebenfalls mit dem Dritten Auge des Ätherkörpers, der sich vom physischen Körper aber gelöst hat. Darum können auch Blinde sehen, sie sehen mit dem entsprechenden Chakra des Ätherkörpers. Viele Menschen können nicht fassen, dass Menschen in einer Nahtodsituation alles sehen und hören können, was um sie herum geschieht, weil sie nicht wissen, dass wir nicht nur einen physischen Körper haben, sondern noch höherfrequente mit „Chakra-Antennen". Die

Nahtoderfahrungen sind ein Beweis für diese Körper. Es gibt wirklilch nicht nur das, was wir mit den physischen Augen sehen können. Wir können ja unsere Aura, technisch gesehen ein Rauschen, auch nicht sehen, aber man kann das Rauschen nachweisen. Es sind Skalarwellen. In den Veden der östlichen Philosophie wird das ebenfalls beschrieben: Die Menschen im Jenseits befinden sich in den ätherischen Seelenkörpern.

Alles ist Wirbel

Wir sind es gewohnt, die Welle als eine Auf- und Ab-Bewegung zu sehen, aber tatsächlich ist die Welle ein dreidimensionaler Wirbel, erklärt Haramein. Ich habe daraufhin einen Stein ins Wasser geworfen und fotografiert. Ich sah nicht nur Wellenbewegungen, sondern tatsächlich auch einen Wirbel.

Auch habe ich mir das Sonnenlicht immer zweidimensional vorgestellt. Doch Haramein beschreibt den Lichtstrahl als dreidimensionalen Wirbel um eine Rotationsachse, der auf unser Auge trifft. Auch das Sonnensystem ist nicht flach, denn die Sonne bewegt sich durch den Raum, während die Planeten sich um die Sonne bewegen und einen riesigen Wirbel generieren, während sie dem Äquator der Sonne folgen. Alles gehorcht einer Drehimpulsdynamik durch den Raum. Die Planeten kreuzen niemals ihren eigenen Pfad. All das spiegelt sich auch in kleineren Zusammenhängen wider: Selbst die DNA in unserem Zellkern zeigt eine Doppelhelix-Struktur, also einen Wirbel; und die Form des Herzens entstand, wie weiter oben bereits beschrieben, aus einem Drehimpuls.

Ausstrahlende Sterne und strahlende Objekte sind also die Außenseite der Schwarzen Löcher. Wir sehen lediglich die Plasma- und Coriolis-Dynamiken auf der Außenseite, wissen aber nichts von der kontrahierenden Seite. Aber es gibt einen Austausch zwischen diesen zwei Seiten, und den hat Haramein berechnet. Fotos von Quasaren und Blazaren zeigen enorm große Wirbel. Diese Wirbel rotieren am Ereignishorizont fast mit Lichtgeschwindigkeit. Die skalare Dynamik und die fraktale Natur der Raumteilung zeigen sich immer deutlicher, je mehr kosmische Objekte sichtbar werden. Bei Quasaren, Pulsaren und Supernovae sieht man immer die gleiche Wirbeldynamik. In der Sonnendynamik sehen wir das Doppel-Torus-Muster in der Dynamik des Plasmas, welches die Sonne umgibt, mit den Sonnenflecken als Zentrum dieser Dynamik. Man glaubte lange Zeit, Sonnenflecken seien Oberflächenphänomene. In Wirklichkeit jedoch sind es Wirbel der Coriolis-Kraft, die hier gegen unendlich geht und zum Sonnenzentrum wandern.

Im Zentrum treffen sie mit den Sonnenflecken von der Gegenseite zusammen.

Anhand der Wechselwirkung von Sphärendynamik und Raumgeometrie zwischen den Felddynamiken, die als Kugeln um jeden Tetraeder auftreten, und der Struktur des Nullpunktfeldes, welches all das generiert und aufrechterhält, können wir sehen, dass diese Dynamik auf allen Ebenen präsent ist, sogar auf dem biologischen Level. Wir alle sind durch ein Stadium der vektoriellen Anordnungsdynamik im Unterleib unserer Mütter hier angekommen. Im Gebärvorgang selbst zeigt sich bereits eine fraktale Struktur. Dieser Vorgang vollzieht sich auch von der ersten Zellteilung an im Embryo. Die erste Zelle teilt sich in zwei, diese zwei in vier usw. Bereits ab vier Zellen organisieren diese sich in einer Tetraederanordnung. Dann teilen sich diese vier, jede in zwei weitere, was acht ergibt. Diese acht ordnen sich entsprechend einem Sterntetraeder. Das ist für Haramein die fundamentale Geometrie. Das fraktale Wachstum kann von 8 Sterntetraedern generiert werden, die sich vereinen, um in der Mitte einen Oktaeder zu bilden. Acht Sterntetraeder kommen zusammen, um ein Vektorengleichgewicht zu bilden.[54] Das ist für die Stabilität notwendig. Haramein hat herausgefunden, dass die Zelle den Bedingungen eines Schwarzen Lochs folgt. Interessanterweise ist die Zelle in seiner *Scaling Law for all Organised Matter* in der Mitte. Die biologische Auflösung ist die Verbindung zwischen dem Großen und dem Kleinen. Wir sind also gewissermaßen der Ereignishorizont. Das heißt, wir sammeln Informationen und übertragen sie auf unser Ich-Bin, welches aus dieser Sicht ein unendliches Grenzpotenzial besitzt. Wir funktionieren nach dem Schwarz-Loch-Prinzip. Alles ist mit allem verbunden. Wir transferieren die Informationen durch unsere Grenzen in die Unendlichkeit unseres eigenen Universums. Wir nähren mit unseren Interpretationen des Feldes das Universum![55]

Es gibt keinen Tod der Sterne. Was wir sehen, sind Objekte, die ihr Stadium ändern. Als man die erste Supernova fotografierte, wurde eine hochstrukturierte Geometrie der Plasmafelder sichtbar. Später durchgeführte Modellrechnungen der Astronomen zeigten, dass es sich bei der beobachteten Geometrie um einen Doppeltorus handelte.

Angesichts der Aufnahme der Sonnenoberfläche mit dem japanischen Weltraumteleskop Henori waren die Astronomen fassungslos, berichtet Haramein. Dort, wo sie große Plasmaausbrüche ins All vermuteten, entdeckten sie mit Erstaunen, dass diese Ausbrüche sich wieder auf die Sonnenoberfläche stürzten, als würden sie plötzlich vor Erschöpfung kollabieren und von der Sonne eingesaugt, absorbiert werden. Ein führender Astrophysiker, Dr. Leon Gollah vom Harvard Zentrum für Astrophysik, beschrieb diese Dynamik als unmöglich im Kontext unseres heutigen Verständnisses der Sonnenphysik. Jedoch sagt das Haramein-Modell voraus, dass ein Teil der Plasmaausbrüche der Sonne von den großen wirbelförmigen Sonnenflecken-Aktivitäten eingesaugt würde, die durch die zentrale Singularität unserer Sonne entstanden sind.

Wenn die Sonnenflecken-Aktivität sich erhöht, dann erhöhen sich auch die Strahlungswerte. Ein Anstieg der Sonnenflecken-Aktivität hätte demnach eine Erhöhung der Strahlungsaktivitäten im ganzen Sonnensystem zur Folge. Weiter meint Haramein, da die Sonne 99,98 % der Masse unseres Sonnensystems ausmache, würden sogar geringfügige Erhöhungen der radioaktiven Emissionen zu großen Auswirkungen auf die Durchschnittstemperatur der Erde und ihrer Wettermuster führen. Haramein betont ebenfalls, dass durch die Zunahme der Sonneneruptionen, die in den letzten Jahren zu beobachten sind, sowie auch durch den außergewöhnlichen Ausbruch im November 2003, hoch ionisierte Plasmapartikel in unser Sonnensystem ausgestoßen werden, die jedoch durch die Magnetfelder unserer Erde abgefangen und zu den sich an den Polen befindlichen geomagnetischen Wirbeln transportiert werden. Eine Folge davon sei, dass dieser Vorgang die Atmosphäre erwärmen und dadurch die Eisschilde zum Schmelzen bringen würde. Neues Material von der NASA, generiert aus Satellitenfotos, zeigt, dass der grönländische Eisschild zweimal schneller als erwartet schmilzt. Am 12. Juli 2017 berichteten Zeitungen, dass ein Eisberg von der ungefähren Größe des Kantons Bern vollständig vom Larsen-C-Schelfeis abgebrochen sei. Ein deutlicher Anstieg des weltweiten Meeresspiegels könnte drohen. Hinzu kommt noch die Erwärmung aus dem Treibhausgaseffekt.

Neue Schätzungen vermuten, dass es einen bemerkenswerten Anstieg des Meeresspiegels in den nächsten 10 bis 100 Jahren geben soll. Da viele größere Städte der Welt auf Meereshöhe liegen, würde eine solche Veränderung einen dramatischen Effekt auf unsere Gesellschaft haben.

Das Süßwasser, das in unsere Ozeane gelange, würde große Auswirkungen auf unser Klima mit sich bringen und der Golfstrom sei bereits jetzt um 30 % verlangsamt. Die Auswirkungen würden erst jetzt nach und nach sichtbar werden: erhöhte Hurrikan-Aktivität, Stürme, Temperaturschwankungen.

Alles was ist, entstand durch Supernovae-Explosionen

Es ist so spannend, was im Universum vor sich geht. Häufig haben wir in der Schule und im Studium nur wenig davon mitbekommen. Es ist gigantisch, was die Astrophysiker mit Fleiß und Geduld alles herausgefunden haben. Dauernd gibt es neue Erkenntnisse und faszinierende Bilder. Vor allem die vielen interessanten Videos über Supernovae-Explosionen haben es mir angetan. Darüber möchte ich etwas berichten.

Im Religionsunterricht haben wir gehört, dass wir aus Asche geworden sind und eines Tages wieder zu Asche werden. Die Astrophysiker sagen, wir seien aus Sternenstaub und werden zu Sternenstaub. Und das stimmt, denn alle unsere Atome – Eisen, Kohlenstoff, Silizium, Gold etc. – entstammen Supernovae-Explosionen.

Eine Supernova ist ein Stern, der durch Fusion Wasserstoff zu Helium verbrennt. Wenn der Stern viel Wasserstoff verbraucht hat, wird er instabil, das Gleichgewicht ist gestört. Die Gravitation wirkt nach innen, der Gasdruck der Fusion nach außen. Druck und Temperatur steigen im Inneren massiv an, der Stern kollabiert und stößt seine Hülle ab.

Jede Sekunde entsteht eine Supernova im All. Wenn sie uns zu nahe wäre, würde sie mit ihrer Strahlung die Ozonschicht der Erde zerstören, mit zum Teil tödlichen Folgen für das Leben auf unserem Planeten.

Eine Supernova entsteht nur, wenn ein Stern mindestens 1,44 Sonnenmassen enthält. Unsere Sonne ist mit der Sonnenmasse 1 also zu klein, als dass ihr dieses Schicksal bevorstünde.

Wurde durch die Fusion der Wasserstoff aufgebraucht, existiert der Stern dennoch weiter. In diesem Zustand wird Helium zu Kohlenstoff fusioniert und Kohlenstoff zu Sauerstoff. Wenn Sterne Kohlenstoff produzieren, beginnen sie zu sterben. Weil unsere Sonne zu klein für eine Supernova ist, entsteht aus ihr stattdessen ein Roter Riese, dessen Korona sich wahrscheinlich bis zum Mars erstrecken wird. Wenn das geschieht, wird alles auf der Erde verdampfen. Die Gravitation presst dann den Erdkern auf den millionstel Teil zusammen, was aus dem Roten Riesen einen Weißen Zwerg werden lässt, der aus Sauerstoff und Kohlenstoff besteht. Für unser Sonnensystem wäre das das Ende, aber der Weiße Zwerg würde noch für Milliarden von Jahren weiterbrennen.

Sterne sterben eigentlich nicht, sie gebären etwas Neues. Unser Sonnensystem besitzt nur einen Stern, in der Mehrheit der Sonnensysteme treten allerdings Paare auf. Wenn einer der Sterne zum Weißen Zwerg wird, fängt er an, vom Nachbarstern Material zu absorbieren. Je mehr Brennstoff der Weiße Zwerg von seinem Gefährten aufnimmt, desto dichter, schwerer und instabiler wird er. Im Inneren stehen Sauerstoff und Kohlenstoff kurz davor, miteinander zu verschmelzen. Später wird der Weiße Zwerg in einer Supernova Typ Ia explodieren. Er produziert aus Sauerstoff und Kohlenstoff Eisen, um dann mit einem Schlag zu explodieren. Dabei wird unter anderem viel Eisen ins All geschleudert.

Alles was wir sehen, alles was unseren Heimatplanet ausmacht, stammt von solchen Supernovae, auch das Leben, auch wir. Die Atome unseres linken Fußes stammen vielleicht von einem anderen Stern, als die des rechten. Bei Fusionen in Sternen entstehen immer schwerere Atome. Das Eisen in unserem Sonnensystem entstammt einer Doppelstern-Supernova Typ Ia, die vor mehr als 5 Milliarden Jahren explodierte. Gold, Silber oder Uran entstammen einem anderen Typ von

Supernova, einer Einstern-Supernova. Je schwerer ein Stern, umso schneller verbrennt er. Wenn massereiche Sterne altern, nimmt die Aktivität in ihrem Inneren zu. Im Gegensatz zu Typ Ia-Supernovae produzieren sie sehr viele Elemente, bevor sie explodieren. Sie explodieren dann nicht zu einem weißen Zwerg, sondern legen immer neue Schichten um den Kern an. Immer schwerere Elemente werden gebildet. Diese werden zu den Bausteinen unseres Universums. Auslöser für das Freisetzen der schweren Elemente ist das Eisen. Das Eisen absorbiert all die Energie, die der Stern für die Kernfusion braucht. Sobald er einen Eisenkern hat, kollabiert der Stern und schrumpft zur Größe einer Stadt. Der Gravitationsdruck ist so hoch, dass die Atome im Inneren immer stärker zusammengepresst werden. Da baut sich gewaltige Energie auf. Die Dichte ist unvorstellbar groß. Dann entlädt sich die zusammengeballte Energie in einer Supernova. Dieser Vorgang geht sehr schnell vonstatten, während der vorhergehende Prozess hingegen hundert Millionen Jahre gedauert haben könnte. Die Druckwelle der Explosion rast durch die äußeren Schichten, dabei werden alle Elemente schwerer. Aus Eisen wird Kobalt, aus Kobalt

Nickel, etc. bis hin zu Gold, Platin und Uran. Die Explosion ist nur kurz, daher entstehen nur geringe Mengen dieser schweren Elemente.

Bei einer solchen Explosion bleibt nichts zurück, was wir wiedererkennen würden. Wenn ein Stern von mehr als acht Sonnenmassen explodiert, wird er zu einem Neutronenstern mit immenser Dichte. Ein kleiner Löffel voll Neutronenstern hätte ein Gewicht von hundert Millionen Tonnen. Diese Sterne drehen sich Tausend Mal pro Sekunde. Sie generieren große Mengen von Energie, die an dessen Nord- und Südpol ausstrahlen. Solch einen Neutronenstern nennt man Pulsar. Im Krebsnebel befindet sich so ein Pulsar, dort, wo vor Tausenden von Jahren eine Supernova explodierte. Ein Pulsar kann Millionen von Jahren existieren.

Wenn Sterne 30 Mal größer sind als die Sonne, kann bei einer Supernova-Explosion aber noch etwas anderes entstehen, als ein Pulsar: ein Magnetar. Er generiert gewaltige Magnetfelder, Billionen Mal stärker als die der Erde. Es gibt aber noch andere Phänomene: Wenn im Innern nicht nur Atome, sondern auch Raum und Zeit zusammengedrückt werden, entsteht ein Schwarzes

Loch. Ein Stern von mehr als tausend Sonnenmassen generiert eine Hypernova, die Gammablitze aussendet. Bei einer Hypernova entsteht also kein Neutronenstern, sondern ein Schwarzes Loch, das beginnt, den Rest um sich herum einzusaugen. Da die Menge zu groß ist, spuckt das Schwarze Loch einen Teil wieder aus, in Form von gewaltigen Plasma-Jets. Was aber genau im Schwarzen Loch passiert, weiß man nicht, man kann nur den Gammablitz feststellen. Diese Gammablitze sind so hell, dass sie das ganze Universum erleuchten.

Bei einer typischen Supernova entlädt sich etwa so viel Energie, wie unsere Sonne über die gesamte Lebensdauer von 10 Milliarden Jahren ausstrahlt. Ein Gammablitz ist hundert Millionen Mal heller als eine Supernova. Träfe ein Gammablitz die Erde, würde er ihre Atmosphäre in einer Sekunde vernichten. Er ist wie ein Gewehrschuss und was sich in der Schusslinie befindet, wird vernichtet. Es ist möglich, dass die Erde in früheren Zeiten von einem Gammablitz getroffen wurde, möglicherweise starben dadurch die Saurier aus.

Woher haben die riesigen Sterne ihre Energie? Computersimulationen ergaben, dass 95 % der Energie, die eine Supernova ins Universum verteilt, im Ursprungsstern fehlt. Astrophysiker fanden heraus, dass die fehlende Energie von unsichtbaren Neutrinos stammen müsse. 1987 hatten die Forscher Glück: In der Magellanschen Wolke explodierte die Supernova 1987a. Mit einem Neutrino-Detektor konnten die Wissenschaftler Neutrinos nachweisen. Neutrinos sind Milliarden Mal kleiner als Atome. Sie entstehen durch alle möglichen nuklearen Reaktionen. Neutrinos gehen durch unseren Körper, ohne dass wir es merken. Sie entstehen offenbar als „atomarer Schrott" im Kern, wenn die Atome dort zusammengedrückt werden. Die Gravitation kann die Neutrinos im Kern nicht halten, sie brechen aus und zerreißen den Stern. Da sich das Universum, entgegen der Annahme der Physiker, immer schneller ausdehnt, postulieren sie eine Dunkle Energie, die bis jetzt nicht nachgewiesen werden konnte.

Der erstmalige Nachweis von Gravitationswellen mit dem LIGO-Detektor[56] hat für Furore gesorgt. Ein Team um den Nobelpreisträger Adam Riess hat nun eine neue Möglichkeit ins Spiel gebracht, die Dunkle Materie zu erklären: Könnte Dunkle Materie durch primordiale Schwarze Löcher (PBH) erzeugt werden? PBH wären dann nicht durch den Kollaps alternder Sterne entstanden, sondern im ganz frühen Universum, quasi im Urbrei. Diese Gedanken gehen in Richtung Haramein, der das universelle Vakuum als Schwarz-Loch-Vakuum sieht und ein gigantisches großes Schwarzes Loch anstelle des Urknalls postuliert. Riess hingegen hält nach wie vor an der Urknall-Theorie fest.

Am 09. Januar 2017 haben Wissenschaftler mit dem NASA Röntgenteleskop Chandra die bislang größte Ansammlung von supermassiven Schwarzen Löchern auf einem Bild festgehalten. Diese supermassiven Schwarzen Löcher sind 9 bis 11 Milliarden Lichtjahre entfernt (ein Lichtjahr sind $9,46 \cdot 10^{12}$ km, also 9,46 Billionen Kilometer). Das zeigt, dass sich diese supermassiven Schwarzen Löcher eher am Anfang des Universums – und relativ schnell – entwickelten. Auch die NASA hat kürzlich viele Schwarze Löcher entdeckt, deren Entstehung sie in die Nähe des Anfangs unseres Universums datieren. Es wird weiter geforscht, mit noch stärkeren Teleskopen. Die Hypothese von Haramein, der Anfang des Universums habe mit einem großen Schwarzen Loch begonnen, wird immer realer.

Folgerungen aus der Physik und ihrer analogen Phänomene

Materie, wie wir sie uns immer vorgestellt haben, gibt es nicht

Im Universum gibt es keinen Tod, nur Umwandlung; sicher verschwindet der Same, wenn eine Pflanze aus ihm wächst. Dieses Prinzip findet auch bei Supernovae-Explosionen statt. Alles, was wir sehen, unser Universum, jedwedes Leben und auch wir, ist aus den Atomen der Supernovae-Explosionen entstanden. In diesem Punkt sind sich Mainstream- und neue Physik einig.

Das Universum ist einheitlich, fraktal und holografisch, es ist ein „Connected Universe", in dem alles mit allem verbunden ist. Das gesamte Universum muss sich aus dem Innern eines Protons und Elektrons erklären lassen. Das Elektron besteht aus Photonen. Kein Atom vergisst, wo es einmal durchgegangen ist. Es ist zu 99 % leerer Raum. Elektronen haben ein Gedächtnis. Teilchen sind Strukturen, meist nur indirekt nachweisbar, und interagieren mit Photonen, den kleinsten Einheiten des Lichts. Atome kommunizieren durch Photonen, wie in einem Dialog. Leben ist Kommunikation, vom kleinsten Quant bis zur größten Galaxie. Dabei sind Resonanzphänomene, Kohärenz, Nichtlokalität und Verschränkung beteiligt.

In Beschleunigern entstehen neue Teilchen, aber nicht kleinere. Heisenberg erklärte das gut: Energie wird zu Materie, indem sie sich in die Form des Teilchens begibt. Materie ist geformte Energie, postulierte auch Max Planck.

Materie ist Träger von Bewusstsein, ist strukturiertes Licht, ist der Körper der Wahrheit. Bewusstsein wird nicht durch die Materie geschaffen, sondern umgekehrt. Die Sterne werden auch nicht durch Materie geschaffen, sondern umgekehrt, ehemalige Sterne – Schwarze Löcher – schaffen Materie.

Unsere Wahrnehmung hängt vom Bedeutungsinhalt ab, den wir den Zeichen geben, die wir wahrnehmen. Unser Ich-Bin generiert den Bedeutungsinhalt. Wir sehen nicht die absolute Realität, wir sehen, was wir glauben. Da die Zellen alles speichern, was wir denken, fühlen und tun, prägen wir die Elektronen und damit die Resonanzfähigkeit und Kohärenz der Biophotonen-Skalarwellen. Harmonie schafft harmonische Lichtmuster der Elektronen, gebündeltes, kohärentes Licht, während Disharmonie Unordnung, Inkohärenz schafft. Die Kommunikation in und zwischen den Zellen geschieht durch magnetische- und Biophotonen-Skalarwellen, die auch mit der Außenwelt kommunizieren. Das Grundprinzip in der Natur basiert auf Resonanz. Unser Gedächtnis liegt wahrscheinlich zu einem grossen Teil im Nullpunktfeld und das Gehirn ist Sender und Empfänger zugleich.

Das schöpferische Urprinzip des Universums ist das Schwarz-Loch-Prinzip. Es ist die Gebärmutter des Universums

Schwarze Löcher ziehen nicht nur Licht an, sondern emittieren schnelles Material, kohärente Information, das heißt, die Wellen sind interferenzfähig. Sehr interessant ist, dass Stephen Hawking die Idee vertrat, dass Schwarze Löcher Passagen in ein anderes Universum darstellen könnten (was er später wieder verwarf). Er war der Ansicht, dass Information aus Schwarzen Löchern verloren gehe oder unlesbar sei. Meine Intuition (durch das Verstehen der Nahtoderfahrungen) sagt mir, dass Schwarze Löcher am Eingang einen Dimensionswechsel darstellen und in ihnen ein kreativer Prozess stattfindet. Information, die zurückkommt, ist erweitert und damit nicht unlesbar. Das Schwarz-Loch-Prinzip zeigt sich überall – im Proton, in den Zellen bis hin zur größten Galaxie. Es regelt auch die Geburtenrate der Sterne. Das Nullpunktfeld ist ein gigantisches Informations- und Energiefeld, mit dem wir kommunizieren.

Samanta-Laughton sagt in ihrem Buch *Punk Science – Inside the Mind of God*, Schwarze Löcher seien kreative Quellen des ewigen Lichts. Der größte Teil dieses Lichts ist vor uns verborgen, also schwarz, weil es jenseits der Barriere liegt, die wir als Lichtgeschwindigkeit bezeichnen. Das Licht ergießt sich spiralförmig durch die Dimensionen herab und erreicht den Rand unserer Wirklichkeit, ein Vorgang, den wir als Lichtgeschwindigkeit bezeichnen. Die 97 % des Universums, die wir als leeren Raum bezeichnen, der unsichtbar ist, sind die „höheren Dimensionen", in die nur das Bewusstsein und Licht eindringen können. Das ewige Licht der Schwarzen Löcher ist auch das Licht des Bewusstseins, es ist das „Jenseits".

Unser menschlicher Körper – ein Universum im Universum

Das Herzkreislauf-System und das Gehirn-Nerven-System haben Analogien zum Prinzip der Sonne. Sie strahlen aus bis in die Peripherie und zurück und bilden den ganzen Körper ab. Sie sind seine Hauptsysteme. Das Herz, das durch einen Drehimpuls entstanden ist, bildet den Ort der Kraft und Liebe und nährt den ganzen Körper durch Blut. Das Gehirn-Nerven-System ist der Ort der Intelligenz und des Lichtes. Die Sinnesorgane funktionieren analog zum Schwarz-Loch-Prinzip. So „zieht" z. B. das Auge Licht durch das „Schwarze Loch" der Pupille nach innen und gibt unser geistiges Licht nach außen ab.

Jede Zelle ist ein kleines Sonnensystem. Von der Mitte der Zellen verlaufen Mikrotubuli bis zur Peripherie der Zelle, der Membran. Sie bilden das Zellgerüst und sind eine Art Glasfaserkabel für die Biophotonen. Die Quelle der Biophotonen liegt im Zellkern, in der DNS, analog zur Sonne. Die Biophotonenströme sind elektrische Skalarwellen, welche die Information von Zelle zu Zelle vermittelt und in Kommunikation mit dem Nullpunktfeld stehen, in dem sich unser Gedächtnis zu einem großen Teil befindet. Die Skalarwellen fließen aber auch von der Peripherie zum Zellkern, ebenso, wie das Licht der Sonne auch von der Peripherie wieder zurück zur Sonne strahlt und dort „gereinigt" wird. Es gibt aber auch magnetische Informationswellen, also magnetische Skalarwellen, die in die DNS schreiben. Unsere Aura besteht ja aus einem Rauschen, das elektrische und magnetische Skalarwellen enthält.

Der erwachsene Mensch besteht aus ca. 100 Billionen Zellen, kleinen Sonnensystemen. Jede Zelle folgt den Bedingungen eines Schwarzen Lochs. Wir Menschen sind ein phänomenales Schwarz-Loch-Universum im großen Schwarz-Loch-Universum. Alles funktioniert nach einer gigantischen höheren Ordnung. Diese höhere Ordnung entstammt dem Ich-Bin der Sonne, dem Christus-Bewusstsein. Das ganze Universum ist erfüllt vom Christusbewusstsein, vom „Sohn des Vaters". Der Vater ist die unmanifestierte Quelle, der Sohn das Manifestierte.

Das Gehirn schafft nicht das Bewusstsein. So wenig wie der Fernseher die Sendung erschafft oder der Stein einen Stern kreiert.

Nach Haramein folgt die Zelle den Bedingungen des Schwarzen Lochs. In seiner *Scaling Law for All Organized Matter* befindet sich die Zelle in der Mitte der Scala. Die biologische Auflösung ist die Verbindung zwischen dem Großen und dem Kleinen. Wir sind gewissermaßen der Ereignishorizont, die Datenübertragungsgrenze zwischen dem extrem Großen und dem extrem Kleinen. Das würde bedeuten: Wir transferieren die Informationen durch unsere Grenzen in die Unendlichkeit unserer eigenen Universen. Dadurch seien wir in der Lage, so Haramein weiter, unsere eigene Bedeutung zu erkennen, weil unsere Interpretationen wichtig für das Universum seien. Es sei daher wichtig, darauf zu achten, mit was wir das Universum nähren. Das sagte mir bereits der Physiker Jules Muheim von der ETH Zürich in den 1990er Jahren.

Edgar Mitchell behauptete, die Funktion der Psyche basiere auf Resonanz und Nichtlokalität. Prof. Meyl stellte fest, dass Skalarwellen in biologischen Resonanzsystemen wirksam seien. Wir reagieren also nur auf Informationen, zu denen wir eine Resonanz haben. Das ist auch notwendig, denn wir wären ja völlig überfordert, wenn wir alle Informationen aus dem Nullpunktfeld verarbeiten müssten. Wenn wir aber einen Zuwachs an Informationen durch Erfahrungen oder Lernen bekommen, erhöht sich unsere Resonanz zu ähnlichen Informationen. Durch diese Resonanz wächst wiederum die Menge an Informationen die wir – in diesem Resonanzfeld – in der Lage sind aufzunehmen. Bereits Jesus wusste: *„Denn wer da hat, dem wird gegeben, dass er die Fülle habe; wer aber nicht hat, dem wird auch das genommen, was er hat."* (Matthäus 25,29) In Resonanz zu sein vergrößert also unser Potenzial.

In Mexiko wurden von J. Grinberg-Zylberbaum und J. Ramos Untersuchungen mit dem EEG an Paaren in getrennten Räumen gemacht.[57] Man sagte den Paaren, sie sollten versuchen, einander zu spüren. Die EEGs zeigten, dass sich die Gehirnwellen synchronisierten. Der Teilnehmer mit dem einheitlicheren Gehirnwellenmuster beeinflusste den anderen Partner mehr. Der Partner mit dem höheren Grad von Ordnung beeinflusste einen Quantenzustand in der weniger geordneten Person. Ein lebendes System von größerer Kohärenz könnte also durch einen Informationsaustausch in einem untergeordneten oder chaotischen System Kohärenz erzeugen.[58]

Wir sind Kinder der Erde und der Sonne

Wir Menschen und die Planeten sind aus Sternenstaub, die Atome unseres Körpers aus Supernovae-Explosionen entstanden. Die Biologie entwickelte sich aus der Vermählung von Stern und Stein. Sie ist nicht so flackernd wie ein Stern und nicht so starr wie ein Stein. Sie gibt uns große Möglichkeiten, Erfahrungen im Universum zu sammeln. Wir sind ja geistige Wesen in einem menschlichen Körper. Wir sind auch Kinder der Sonne, die uns mit ihrem Licht nährt. Biophotonen nehmen wir auch über die Nahrung auf, sie ist im Blattgrün gespeichert, aber auch durch die Sonne direkt. Wir seien Lichtsäuger, befand der Entdecker der Biophotonen, Fritz A. Popp. Konstantin Meyl postuliert, dass die Sonne den Takt unseres Herzrhythmus angibt. Die Sonne und die Planeten seien in der Lage, auf die Zellkommunikation einzuwirken.[59]

Ich hatte mit etwa 25 Jahren, als ich mich noch ganz in der naturwissenschaftlichen Ausbildung befand, ein Erlebnis mit der Sonne, das mir entscheidende Informationen über unser Sein vermittelte. Es war Sommer und ich hatte in der kühlen Stube gelernt. Dann machte ich mich auf den Weg zu meiner Freundin. Die Sonne schien so hell und warm, dass ich ihr spontan dankte. Da sah ich nur noch weißes Licht, nicht blendend und viel heller als das Sonnenlicht, unermesslich hell. Zudem empfand ich eine ekstatische Liebe, die unbeschreiblich war und die ich später nie mehr in dieser Intensität erleben konnte. Zugleich wurde mir vermittelt, ich sei von der gleichen Art, wie die Sonne, quasi ihr Kind. Das war ein riesiges Aha-Erlebnis, ein Ich-bin-Du-Erlebnis. Es war die Sprache des Lichts, Kommunikation von Bewusstsein zu Bewusstsein. Mein wahres Selbst, das ich da erlebte, war vollkommene Lichtliebe. Es gab nichts anderes, als Licht und Liebe. Ich habe das Licht durch das 3. Auge (Stirnchakra) wahrgenommen und die Liebe durch das Herzchakra. Ich habe nur diese beiden Chakras gespürt, als Zentren der Liebe und des Lichts. Liebe nehmen wir, davon bin ich überzeugt, immer im Herzchakra wahr, nicht im Herzmuskel. Wir spüren das Energiezentrum des Herzens, nicht den Herzmuskel. Wenn wir das Licht über die Augen wahrnehmen, reizt es Ganglienzellen in der

Netzhaut, der Reiz wird weiter in das Gehirn zum SCN-Kern (Suprachiasmatischer Kern, ein Gebiet im Hirn, das u. a. wahrscheinlich unsere „innere Uhr" enthält und unmittelbar über dem Sehnerv liegt)[60] geleitet und bewirkt eine Erhöhung des Serotonins in den synaptischen Spalten. Das führt zu Freude. Ich habe aber das Licht und die Liebe von der Sonne direkt über die Chakren wahrgenommen, in einem unbeschreiblichen Maß. Da ist eine klassische Serotonindusche nichts dagegen. Das Sexualchakra, das zum irdischen Teil der Liebe gehört, war nicht beteiligt.

Die Chakras haben die Form eines Torus, wenn sie offen sind. Sonst „sieht" man nur Trichter. Offenbar waren meine oberen Chakras, durch die Dankbarkeit und Freude, die ich der Sonne zeigte, geöffnet. Dadurch war eine ultrakurze Kommunikation mit dem Schwarzen Loch der Sonne möglich, dem Christus-Geist. Es war das Herz-Denken, das die Kommunikation ermöglichte. In unserer Evolution müssen wir vom Kopf-Denken, das für die Entwicklung des selbstständigen Denkens wichtig war, zum Herz-Denken gelangen. Dadurch schaffen wir den Aufstieg zu Gott. In diesem Sinne äußerte sich auch der Theologe Hans Stolp, und der Physiker Jules Muheim sagte mir das persönlich.

Teilhard de Chardin ist überzeugt, wir seien spirituelle Wesen in einem menschlichen Körper. Das sehe ich auch so. Die materielle Realität ist eher ein Traum. Die Licht/Liebe, die alles verbindet, die eins ist, ist die tiefere Realität, auch wenn das möglicherweise immer noch nicht die letzte und absolute Realität ist. Wir träumen also unter der Verzauberung der Materie.

Ich war aufgewühlt und erzählte es meiner Freundin, die mich durch ihr völliges Unverständnis für mein Erlebnis bald zum Schweigen brachte. Das konnte doch nicht sein.

Erst nach dem Medizinstudium hatte ich etwas Luft, um mich mit dem Phänomen auseinanderzusetzen. Ich entdeckte in der Literatur über Nahtoderfahrungen, dass andere Menschen ähnliche Licht/Liebe Erfahrungen gemacht hatten. Rudolf Steiner beschrieb das Mysterium der Sonne und erklärte das Saulus/Paulus Erlebnis folgendermaßen: Saulus verfolgte Jesus, der sich als Sohn Gottes darstellte. Die Sonne gab ihm die

Information, dass Jesus das Christusbewusstsein von der Sonne auf die Erde gebracht hätte. Darum sagte ihm die Sonne (natürlich telepathisch): *„Warum verfolgst Du mich? Ich bin das in dem Christus."* Dieses Christusbewusstsein war zum ersten Mal vollkommen im Menschen Jesus erfahrbar. Saulus wurde von diesem nur einen Bruchteil einer Sekunde berührt, wie ich auch – doch es reichte aus, um ihn zu bekehren.

Unser aller höheres Selbst ist mit dem Bewusstsein der Sonne verbunden, ist Teil des Christusbewusstseins. Bewusstsein ist nie sichtbar für das physische Auge. Aber es kann durch das Schwarze Loch der Augen wahrgenommen werden (wenn der Körper tot ist, sieht man an den Augen, dass das Bewusstsein erloschen ist). Interessant für mich war auch, dass das Ich-Bin in höchster Freude oder im Leid immer der gleiche Bewusstseinskern ist. Der Schöpfer ist ein Ich-Bin, der Christus ist ein Ich-Bin und wir sind ein Ich-Bin aus demselben Sein. Teilhard de Chardin sprach auch von einem personifizierten Gott – und ich habe in der Sonne ein personales Zentrum erlebt. Jesus sagte: *„Ich bin der Ich-Bin."* Durch mein Erlebnis kann ich das verstehen. Christus belebt die Sterne und das ganze

Universum mit seiner Kraft und Liebe. Das ganze Universum ist Intelligenz und Energie, gesteuert durch die Christus-Kraft und in Wechselwirkung mit unserem Ich-Bin. Eigentlich ist es ja logisch, dass wir Kinder der Erde und der Sonne sind. So wie unser Körper mit der Erde verbunden ist, ist unser Geist mit der Sonne verbunden; das Ego mit dem Mond.

Unser Körper emittiert auch physisch nicht sichtbares Licht durch jede Zelle und durch die Augen. Dass die Biophotonen durch Sonnenlicht angeregt werden, zeigt, dass die Steuerung unserer Zellen letztendlich von der Sonne stammt. Das Ich-Bin der Sonne strahlt kohärente Informationen aus. Ursprünglich fließt kohärentes Licht in unseren Zellen. Mit disharmonischen Gefühlen und negativen Gedanken (inkohärente Skalarwellen) kann unser Ich-Bin aber die Kohärenz stören, sodass der Informationsfluss in den Zellen gestört wird. Die Zelle kann krank werden. Wir haben aber nicht nur Einfluss auf unsere Zellen, sondern auch auf das Nullpunktfeld, wie schon Muheim und Haramein betonten. Die alten Mystiker lehrten die Wichtigkeit der Kontrolle über unsere Gedanken und Gefühle. Beides wirkt sich auf unser Leben und das Universum aus. Die neue Physik hilft, das noch verständlicher zu machen.

Man kann Bewusstsein letztlich nur durch Erfahrung (Spiegelung) und damit Erweiterung verstehen. Bewusstsein ist ein Resonanzphänomen. Vielleicht müsste man eher sagen, Kommunikation ist ein Resonanz-Phänomen. Bewusstsein ist das Ich-Bin, das alles steuert.

Ich bin überzeugt, dass Licht/Liebe die Grundpolarität für jede Struktur und Kraft in der Physik darstellt und dass die Schöpfungsprozesse gespiegelt auf jeder Ebene stattfinden, auch im Körper. Unser Körper mit seinen Billionen „Sonnensystemen" spiegelt das Universum. In den menschlichen Begegnungen spiegeln sich die Menschen und ebenso die Themen, die sie beschäftigen. Das Grundprinzip der Funktion der Psyche ist Resonanz und Nichtlokalität. Wir können z. B. tausendmal an einem Objekt vorbeifahren und wir sehen es nicht, weil wir keine Resonanz dazu haben.

Die Historikerin Magdalena Bless-Grabher erlebte in ihrer Jugend eine Nahtoderfahrung, in der sie fühlte, dass sie durch die Lichtliebe des

Christus gehe. Ich denke, sie spürte die Verbindung ihres eigenen hohen Selbst mit dem Christusbewusstsein. Wir Christen nennen dieses göttliche Bewusstsein „Christusbewusstsein". Die Inderin Anita Moorjani, die im hinduistischen Glauben erzogen wurde, ein chinesisches Kindermädchen hatte und in eine christliche Schule ging, erlebte dieses göttliche Bewusstsein ebenfalls, und sie spürte, dass es jenseits aller Religionen existiert. Ich sage zu diesem Bewusstsein der Einfachheit halber Christusbewusstsein, weil Jesus der Träger dieses Bewusstseins war und ich es von dort her kenne. Aber dieses göttliche Bewusstsein wird von allen Menschen, die bspw. eine NTE oder tiefe Meditation erleben, unabhängig ihrer Religion, auf dieselbe Weise erlebt. Es gibt nur einen Schöpfer, den ewig Einen. Alle Religionsgründer versuchten, uns diesen Einen näherzubringen. Die Dogmen der Religionen sind Ego-Produkte und nicht die absolute Wahrheit. Schauen wir in die Welt: Alles, was im Namen von Religionen Leid produziert, entspringt nicht dem Christusbewusstsein, sondern den psychischen Verletzungen einzelner Menschen oder Kollektiven, der Angst und dem damit verbundenen Machtbegehren.

Dieses intensive Licht, diese Liebe, die ich und Nahtoderfahrene erlebt haben, kann man in der Erinnerung nur noch wissen, aber nicht mehr erleben. Zurück bleibt das Wissen darüber, wer man ist und die Sehnsucht nach diesem wahren Sein, in das wir alle irgendwann zurückkehren. Menschen, die diese Erfahrung machen durften, haben keinen Heiligenschein und strampeln weiter durchs Leben. Und doch bleibt etwas: Diese Menschen wissen, auf was es ankommt und haben keine Angst mehr vor dem Tod. Doch bemühen müssen sie sich dennoch – jeden Tag aufs Neue.

Wir sind Kinder des Alls. Wir bestehen aus den Atomen der Supernovae-Explosionen. Aber wir haben auch ein Ich-Bewusstsein. Die Sonne vermittelte mir ihr Ich-Bewusstsein, das Teil des Allbewusstseins ist. Teilhard de Chardin sagte mal, die Sonne gehe über dem Altar der Erde auf. Das finde ich sehr treffend. Für ihn war Christus in der Sonne personifiziert. Für die meisten Menschen ist es schwer verständlich, dass die Sterne Bewusstsein haben sollen – obwohl Materie ja gebundenes Licht und Licht Information ist –, weil wir in unserem Alltagsbewusstsein nicht mit ihnen kommunizieren können. Dabei läuft ein großer Teil unserer Kommunikation über Licht, über Photonen. Alle Teilchen sind miteinander verschränkt. Der andere Teil läuft über magnetische Skalarwellen.

Im Kosmos läuft alles nach einer klaren Ordnung ab. Ich bin überzeugt davon, dass die Sterne wissen, was sie tun. Das vermutet auch der Astrophysiker Gregory Matloff durch die Beobachtung der Sterne.[61] Eine Hypernova hätte ja mit ihrem Gammablitz unsere Erde schon lange zerstören können. Doch dies passiert nicht, weil die Menschheit ein einzigartiges Projekt ist. Aber möglicherweise ist das Überhandnehmen der Dinosaurier durch einen bewussten Gammablitz gestoppt worden. Diese Tiere sollten nicht die Welt beherrschen.

Die Sterne, die wir sehen, sind der Körper, resp. „Gehirn" und „Herz" der Sternenwesen, die Planeten ihre übrigen „Organe". Wir haben gelernt, dass unser Gehirn Bewusstsein hat, darum glauben wir, nur Wesen mit einem Gehirn könnten Bewusstsein haben. Aber das Gehirn ist mehr ein Sender und Empfänger. Leben, Geist ist

Kommunikation. In jeder Zelle und in jedem Atom findet Kommunikation statt. Das ganze Universum demonstriert Intelligenz und Liebe (Gravitation).

Jesus Christus sagte: *"Ich bin der Weinstock, ihr seid die Reben."* (Johannes 15:5) In Anbetracht der Erkenntnisse der neuen Physik würde er heute möglicherweise sagen: *"Ich bin das Bewusstsein, ihr seid mein Fokus."* Der Schöpfer erfährt seine Schöpfung durch uns. Das Ich-Bin, das Licht/Liebe ist, erschafft. Darum konnte auch Jesus Christus sagen: *"Was ihr dem geringsten meiner Brüder tut, das habt ihr mir getan."* (Matthäus 25,40) Das Christusbewusstsein ist ein Kollektiv. Doch auch das haben wir noch nicht ganz begriffen. Nahtoderfahrene, das zeigen ihre Schilderungen, haben dieses Christusbewusstsein erleben können. Es ist ihr wahres Selbst. Weil dieses Bewusstsein so unaussprechlich großartig ist, wird es als göttlich empfunden. Jesus Christus ist der Sohn und wir seine Geschwister. Das ganze sichtbare Universum ist der Körper des Gottessohnes. Ebenfalls unsere sichtbare Sonne ist Teil dieses Christus-Körpers.

Ich kann nachvollziehen, dass ein großer Teil der Physiker das nicht verstehen kann. Zugleich vermute ich, haben die meisten von ihnen wahrscheinlich auch nicht tiefer darüber nachgedacht. Als ich in meiner Matura-Vorbereitung war und der Französischlehrer erzählte, er studiere Sanskrit und Buddhismus, dachte ich, der hätte nicht alle Tassen im Schrank. Rückblickend kann ich meine Ignoranz von damals fast nicht begreifen, aber uns fehlt manchmal einfach der Erfahrungshintergrund. Diese Anekdote veranschaulichte mir, wie rasch auch ich verurteilte, was ich nicht verstand. Ich glaube, es geht vielen Physikern ähnlich, wenn ich sage, die Sonne sei Träger des Christus-Bewusstseins und alle anderen Sterne Träger des kosmischen Christus. Aber im Grunde genommen ist sie doch das Zentrum unseres Sonnensystems, der zentrale Impuls. Sie ist die treibende, lebenserhaltende und steuernde Kraft des ganzen Systems. Ohne sie könnten wir nicht leben. Wir sind ja Lichtsäuger und die Biophotonen-Skalarwellen ordnen und steuern viele Vorgänge im menschlichen Körper und in der Kommunikation. Die Sonne hält die Planeten in ihren Bahnen. Sie strahlt so viel Licht,

Kraft und Wärme aus – und Licht ist ja immer mit Bewusstsein verbunden, ebenso wie auch Liebe mit Bewusstsein verbunden ist.

Warum soll nur in unserem menschlichen Körper ein Geist wohnen (da er ja weht, wo er will)? Wir sind die kleinen Universen im großen Universum, wir sind Kinder des Alls, ganz aus dessen Substanz. Jedes Atom hat ein Gedächtnis, alles ist mit allem verbunden, verschränkt. Wir sind in dauerndem Austausch mit dem Nullpunktfeld des Universums. Wir sind keine Inseln im Universum. Unsere Vorstellungen von Bewusstsein sind viel zu eng. Die Sonne gibt der Biologie ihre Informationen. Licht ist Information. Aber wir Menschen mit unserem Schöpfer-Ich-Bin können diese Informationen stören, „hacken", wir können sie löschen oder auch in einem positiven Sinne verstärken. Wir tun das jeden Tag. Die Frage ist lediglich: Wissen wir, was wir tun?

Unser Ich-bin ist immer mit Licht/Liebe verbunden. Das ist ein personifiziertes, schöpferisches Prinzip. In der physischen Welt zeigt sich dieses schöpferische Prinzip als Schwarz-Loch-Prinzip – vom Proton, Elektron, über unseren Körper bis zur größten Galaxie. Licht ist erfahrbar als Information, Erkenntnis, Bewusstsein. Dass wir von Licht hauptsächlich als Beleuchtung reden, ist sehr beschränkt. Das Licht gibt uns Information von und über die Materie. Das geistige, unsichtbare Licht gibt uns Information über unser Ich-Bewusstsein, über unser Zentrum. Das Licht/die Liebe der Sonnen belebt das ganze Universum, als „Sohn-Bewusstsein". Das geistige Licht wird aber nur als superhell wahrgenommen, wenn wir es mit dem Bewusstsein (z. B. bei NTEs) unabhängig vom Gehirn wahrnehmen. Für die physischen Augen ist es dunkel.

Wenn die Sonne ein Bewusstsein hat, sind alle anderen Sterne ebenfalls Intelligenzen. Vielleicht würde ich das alles auch als Ausgeburt meiner Fantasie betrachten, wenn ich nicht dieses intensive Erlebnis mit der Sonne gehabt hätte. Und wenn wir tiefer darüber nachdenken, ist es doch naheliegend. Wir sind nicht nur physisch Kinder des Alls, sondern auch geistig.

Interessanterweise ist Manjir Samanta-Laughton auch eine Ärztin mit einer gewissen Medialität, die offenbar ein Interesse daran hat, herauszufinden, wie das Universum und der

Mensch funktionieren. Ihre Vorstellungen über die Schwarzen Löcher decken sich mit meinen Erfahrungen. Aus den Schwarzen Löchern kommt zuerst geistiges Licht, daher sind sie schwarz.

Magdalen Bless und Marsha beschreiben im nächsten Kapitel in ihrer Nahtoderfahrung das Schwarz-Loch-Prinzip phänomenal. Wir werden im folgenden Kapitel sehen, dass auch Nahtoderfahrene das geistige Licht erlebt haben. Dieses Licht, diese Liebe ist, wie wir sehen werden, immer personifiziert.

Gregory Matloff war ein ehemaliger Physikprofessor und Direktor am New York City College of Technology. Unter dem Titel *Panpsychismus* schrieb er von einem proto-consciousness-field, von Sternen, die denkende Einheiten sein könnten, die bewusst ihren Weg gehen. Das freut mich riesig. Er betonte, dass der Mensch wie der Rest des Universums aus Materie und Geist bestehe und dass der ganze Kosmos sich seiner selbst bewusst sein könnte. Er folgerte das bspw. aus dem Umstand, dass einige Sterne Jets aussenden würden, die nur in eine Richtung zielten. Möglicherweise könnte dies bewirken, dass ein

Stern seine Bewegung ändern würde und er fragt sich, ob die Sterne das willentlich machten. Matloff macht sich zwar keine Illusionen darüber, dass er seine Fachkollegen überzeugen könnte, meint aber, dass der Panpsychismus sich von der Philosophie zur beobachtbaren Astrophysik wandeln könnte.

Ich habe erlebt, dass die Sonne Bewusstsein hat und Gregory Matloff kommt als Astrophysiker ebenfalls auf diese Idee! Super.

Der 14-jährige Max Loughan aus Nevada/USA hat im Alter von 13 Jahren gemeinsam mit seinem Zwillingsbruder ein Labor gegründet und ein Gerät zur Gewinnung von freier Energie entwickelt. In ihm gewinnt er aus Radiowellen Energie. Das war ein erster Versuch. Er wisse, so Max, dass er auf diesen Planeten gekommen sei, um der Menschheit zu helfen, die Zukunft zu ermöglichen, in der wir glücklich, gesund und in Sicherheit leben können. Inspiriert wird er dabei von Nikola Tesla. Diesem Jungen geht es nicht um Geld oder Ansehen, sondern um das Wohl der Menschheit. Das ist wunderbar. Sein Bewusstsein ist offenbar herzbasiert.

Eine medial begabte Lehrerin sagte schon vor 10 Jahren, dass sie Ausschau halte nach den Kindern mit erweitertem Bewusstsein, die jetzt kommen müssten. Das scheint nun endlich der Fall zu sein. Es gibt auch in der Schweiz Teenager mit multidimensionalem Bewusstsein.

Nahtoderfahrungen

Berichte von Nahtoderfahrenen

Ausführlich habe ich in meinem Buch: *Hinter den Kulissen der Welt, ewige Ruhe?* über Nahtoderfahrungen berichtet.

Nach Pim van Lommel, holländischer Kardiologe und Nahtodforscher, umfassen Nahtoderfahrungen (NTE) alle aus der Erinnerung geschilderten Eindrücke, die während eines außergewöhnlichen Bewusstseinszustandes, mit den charakteristischen Elementen wie der Erfahrung des Tunnels, des Lichtes, des Lebensrückblicks, der außerkörperlichen Erfahrung etc., vorkommen. Man unterscheidet 12 bis 13 Elemente, die bei NTEs immer wieder vorkommen. Nahtoderfahrungen hat es schon immer gegeben, doch wird heute, in einer Zeit, in der dank hochtechnisierter Medizin mehr Patienten reanimiert werden und überleben, viel häufiger von ihnen berichtet.

Ein wichtiges Kriterium ist die Tiefe der Erfahrung. Kenneth Ring hat den Weighted Core Experience Index (WCEI) eingeführt. Ein

Punktewert von 0–6 auf dieser Skala entspricht nach Ring noch nicht einer NTE, 6–9 einer NTE mäßiger Tiefe, während Werte zwischen 10 und 29 als tief bzw. sehr tief gelten. Bruce Greyson hat dieses Verfahren noch verschärft, um bei retrospektiven Studien falsche positive Elemente auszuschließen. Die Skalen sind relevant, um vergleichbare Studien zu ermöglichen.

Ich möchte mit einer der eindrücklichsten Nahtoderfahrungen beginnen, derjenigen von Dr. Magdalen Bless-Grabher, die ich persönlich kenne. Die Historikerin hatte im Alter von etwa zwanzig Jahren einen Autounfall. Sie erlitt Becken- und Schädelbrüche, innere Verletzungen und eine Nierenquetschung. Magdalen Bless-Grabher schildert:

„Ich sterbe, ist das möglich? Ich bin ja am Sterben! Mit höchstem Erstaunen registrierte ich plötzlich dieses durchdringende Gefühl von Todesnähe – ohne Zusammenhang, ohne zu wissen, warum. Zwar erinnerte ich mich, eben noch im Auto meines Vaters gesessen zu haben, der gerade auf den Vorplatz vor einer Tankstelle bei Brütten (Zürich) angehalten hatte, um zu tanken. Dass dann mitten

aus der dunklen Nacht und der nahen Kurve heraus mit hoher Geschwindigkeit ein Sportauto dahergeschossen und wegen einer kurzen Verwirrung des Lenkers mit voller Wucht in unsere Seite hineingefahren war, hatte ich nicht mehr bewusst wahrgenommen. Allerdings konnte ich mir leicht zusammenreimen, dass dieses intensive Gefühl des Sterbens wohl mit einem Autounfall zusammenhänge. Es verblüffte mich nur einfach, dass ich am Sterben war – sterben, das taten doch immer nur die anderen! Ich kam mir vor, wie in einem falschen Film – irgendwie hatte ich in meinem damals jugendlichen Alter von zwanzig Jahren noch nie wirklich damit gerechnet, dass das Sterben auch einmal mich selbst treffen könnte.

Ich hatte ein Gefühl, als würde ich mich von mir selbst, von meinem Körper und von meiner irdischen Welt lösen, als ob Faser um Faser, mit der ich an Menschen und Dingen gehangen hatte, einzeln durchschnitten würde. Einen Moment lang erfüllte mich diese Trennung mit Wehmut. Schließlich schien mir das Leben nur noch an einem letzten Fädchen zu hängen, und dieser Faden wurde dünner und dünner.

„Schon bald schien mir der äußere Anlass meiner höchst eigenartigen Bewusstseinslage ganz unwichtig – allzu unfasslich und überwältigend war das, was ich nun innerlich erlebte! Zunächst war mir, als stürze meine Umwelt in einem dämmrigen, chaotischen, funkensprühenden Wirbel in sich zusammen (Ereignishorizont?). *Ich geriet in einen starken Sog, er war wie ein reißender Fluss – und fühlte mich rasch durch einen engen, dunklen Tunnel gezogen, bedrängt von einem dröhnenden, metallischen Geräusch – von Ferne mit Glocken vergleichbar, disharmonisch."*

Ich finde das sagenhaft, wie Magdalen Bless hier das Schwarz-Loch-Prinzip beschreibt, von dem sie sicher noch nichts gehört hat. Auch ich wusste damals, als sie mir das erzählte, ebenfalls noch nichts von Schwarzen Löchern in der Physik.

„Kaum war ich auf der anderen Seite wieder aus dem Tunnel draußen, fühlte ich mich frei und leicht. Zu meinem Erstaunen sah ich von oben meinen leblosen Körper in einem Gartenbeet mit Erdbeerpflanzen liegen, was mir seltsam vorkam.

Wieso in einem Erdbeerbeet? Trotz der dunklen Nacht sah ich die Erdbeeren. Aber es war eindeutig mein Körper, er hatte das grüne Deux-Pièces an, das meine Mutter genäht hatte, das gab es nur ein Mal auf der Welt. Tatsächlich war unser Auto durch den Aufprall über einen eisernen Zaun hinweg in den Garten der Tankwartfamilie katapultiert worden. Ich spürte den Schrecken und die Hektik der Menschen rundum und war froh, von diesem ungemütlichen Ort einfach wegschweben zu können. Mein unten liegender Körper berührte mich nicht weiter. In einer blitzschnellen Rückschau zog nun mein ganzes Leben wie ein plastisches, farbiges Panorama – wie eine Art dreidimensionaler Film – an mir vorbei. Alles was ich je gedacht, getan und erlebt hatte, erfasste ich sozusagen mit einem Blick. Selbst längst vergessene Bilder, Gerüche und Töne der frühesten Kindheit, tauchten wieder auf, wobei das Schwergewicht auf glücklichen Momenten lag. Es war ungemein faszinierend, das Leben nochmals wie im Zeitraffer zu durcheilen und es dabei auch zu durchschauen. Nun gingen mir auf einmal innere Zusammenhänge auf, die mir verborgen gewesen waren, solange ich mitten im Leben mitgestrampelt hatte. Alles verstand ich jetzt und alles hatte einen Sinn. Es war, wie wenn man endlich die Vorderseite eines Webbildes zu sehen bekäme: Ein schönes Muster – bisher hatte man nämlich nur die Rückseite gesehen, wirre Fäden, die man oft nicht einordnen kann. Mein Denken war nun so klarsichtig, dass es ganz einfach und logisch war, mein Dasein auch zu bewerten. Dabei erkannte ich, dass es auf die Beweggründe, auf den innersten Kern der Motive ankommt, die hinter unserem Handeln (oder Nicht-Handeln) stehen. Positive und negative Haltungen und Gefühle wirken wie Wellen weiter und lösen Freude oder Leid bei anderen aus. Es schien mir, als könnte ich auch in die Rolle der Menschen um mich schlüpfen, und die Empfindungen nachfühlen, die ich in ihnen ausgelöst hatte. Ich spürte, wie eng wir mit unserer Mitwelt verflochten sind, mit Menschen, Tieren, Pflanzen, der Natur, dem Universum – wir sind ein Teil des Ganzen und schwingen mit dem Ganzen mit. Dabei wurde mir klar, dass das, was zählt, letztlich allein die Liebe ist. Liebe ist der Urgrund und das tragende Wurzelgeflecht des Lebens und des Seins, die ungeheure Kraft, die das ganze Universum zusammenhält."

Magdalen Bless-Grabher befand sich hier offensichtlich im kreativen Raum des Schwarzen Lochs, im Nullpunktfeld, und da alle Schwarzen Löcher miteinander verbunden sind, konnte sie alle Informationen anzapfen, die sie wollte. Ihr Bewusstsein war nicht mehr eingeschränkt. Interessant ist auch, dass sie die Haltungen und Gefühle wie Wellen empfand, die weiter wirkten.

„Nebst Staunen und Freude empfand ich bei einzelnen Punkten meines Lebensfilmes, nämlich bei Lieblosigkeiten, auch so etwas wie Scham und Reue – damit war es aber auch erledigt. Insgesamt war dieses Erkennen und Beurteilen des eigenen Lebens kein peinvolles Selbstgericht, sondern es war eingebettet in ein umfassendes, großzügiges Verstehen und Verzeihen alles Menschlichen, das eben nie ganz vollkommen ist. Zu einem gewissen Zeitpunkt des Prozesses – ziemlich am Anfang, hatte ich auch ein Gefühl, als würde ich förmlich durch ein liebevolles, tröstendes Wesen hindurchfließen, das mich völlig annahm, wie ich war – ich hielt es für Christus."

Magdalen Bless-Grabher erlebte ein gleißendes Licht als personifizierten Christus.

„Auf die Vision meines Lebens folgte ein Gefühl der Erleichterung darüber, dass das irdische Dasein, das trotz aller Schönheiten doch auch mit viel Mühseligkeit verbunden ist, schon vorbei sein sollte. Obwohl ich bis dahin ein recht glückliches Leben gehabt hatte, bedauerte ich das abrupte Ende keineswegs, sondern empfand es, im Gegenteil, als Privileg, den Lebenskampf schon so jung aufgeben und gegen dieses neue Dasein eintauschen zu können, das fortwährend herrlicher wurde.

Ich bemerkte nun helle Gestalten, die unbeschreiblich gelöst und heiter wirkten und eine wunderbare Harmonie ausstrahlten. Sie näherten sich mir, als wollten sie mich im Jenseits herzlich willkommen heißen. Welch freudiges Wiedersehen, als ich unter ihnen liebe Verwandte und Bekannte erkannte! Erst im Nachhinein realisierte ich, dass es lauter bereits verstorbene Menschen waren. Allen voran kam strahlend meine Großmutter, die ich sehr gern gehabt hatte. Sie wirkte jung und gesund und sehr glücklich, und wir konnten, wie ohne Worte, einander Gedanken zuspielen. Ein halbes Jahr zuvor war sie nach schwerer Krankheit in meinem Elternhaus, wo sie von meiner Mutter gepflegt worden war, gestorben. Ihr Leiden und ihr Ende hatten mich sehr bedrückt – wie froh war ich zu sehen, wie gut es ihr nun ging! Bisher hatte ich eine dumpfe Angst vor dem Tod gehabt, er war mir so undurchsichtig, so unheimlich erschienen, man wusste ja nicht, was nachher kam. Alles, was ich bisher über den Tod gelesen, gehörte oder gedacht hatte, kam mir nun wieder in den Sinn, und ich musste darüber auf meinen imaginären Stockzähnen lächeln. Wie unnötig waren meine Ängste gewesen – das Sterben war ja ganz anders und unvergleichlich viel schöner, als ich es mir je vorgestellt hatte.

In einem dynamischen Prozess erweiterte sich mein Bewusstsein fortwährend. Von den Fesseln des Leibes und des Lebens losgelöst, vermochte sich mein Geist zu ungeahnten Fähigkeiten aufzuschwingen. Schwerelos schwebte ich durch ein grenzenloses Universum. Mit ungeheurer Schnelligkeit liefen in mir in mehreren Schichten neben- und übereinander verschiedene Gedankengänge gleichzeitig ab, jeder von gestochen scharfer Genauigkeit, Klarheit, Tiefe. Wie sieht ein Atom aus, wie der Andromedanebel, wie Australien und wie sah es zur Zeit der Römer aus, es gab keine Frage mehr, die nicht auch umgehend eine Antwort bekam. Mit einer fast grenzenlosen Erkenntniskraft konnte ich in diesem Moment den Mikrokosmos und den Makrokosmos durchdringen, die Rätsel des Universums begannen sich zu lösen (leider konnte ich die genauen Inhalte jenes Wissens nicht ins diesseitige Leben mitnehmen, unsere irdische ‚Bio-Hardware' ist irgendwie nicht kompatibel mit den jenseitigen Erkenntnissen). Gleichzeitig mit dem Denken steigerte sich auch die Intensität meiner Empfindungen. Ich empfand keinerlei Angst, sondern immer stärker durchfluteten mich Gefühle des höchsten Glücks, der Liebe und Harmonie.

Das alles waren aber im Grunde genommen nur die Begleiterscheinungen eines noch viel überwältigenderen Vorganges. Noch immer befand ich mich in dem starken Sog, der mich am Anfang schon durch den Tunnel gezogen hatte. Das Ziel dieses Flusses, das sah ich nun, war ein gewaltiges, lebendiges, gleißendes weißes Licht. Es war größer als die Sonne, aber seine strahlende Helligkeit tat nicht weh, sondern war wunderschön. Es pulsierte förmlich vor Energie, Kreativität – und Liebe!

Mit einer brennenden Sehnsucht zog es mich unwiderstehlich immer näher zu diesem glanzvollen, herrlichen Licht, das eine unvorstellbare, bedingungslose, persönliche Liebe verströmte. Dieses Licht war der Inbegriff des Guten, des Heiligen, des Allwissens, der Weisheit und des Glücks. Es waren unbeschreibliche Momente der höchsten Intensität, innerlich stand ich in Flammen, in glutvoller Ekstase, und wollte nur noch eines: Eintauchen in diese unbeschreibliche, mystische, leuchtende Sonne der Liebe! Schnell glitt ich auf eine Art Grenze zu, hinter der ich die Erfüllung erahnte – ein unsäglich glückliches Weiterwerden in der Nähe des Absoluten, dieses Lichts, dieser Quelle der Kraft und Liebe.

Kurz bevor ich zu dieser Grenze kam, stockte jedoch plötzlich der Fluss des Geschehens. In mein Bewusstsein drang ein störendes Wort, auf das zu reagieren ich ein Leben lang trainiert worden war: Mein Name! Inzwischen hatten sich nämlich beim Unfallort erste Helfer eingefunden, der Vater, der weitgehend unverletzt geblieben war, und sie hatten mich aus dem zerstörten Auto hinausgezogen und in das nächstbeste Erdbeerbeet gelegt. ‚Die ist gestorben‘, sagten die Leute. Offenbar stand mein Kreislauf still – kein Puls und kein Atem mehr, dazu eine fahle, totenähnliche Blässe. Schockiert, in höchster Panik, rief mich nun mein Vater mit verzweifelter, drängender Stimme immer und immer wieder beim Namen. Dieses Rufen hörte ich.

Verblüfft wurde ich mir plötzlich wieder meines Namens, meiner irdischen Identität, meines Vaters bewusst. Warum ließ er mich nicht ziehen? Ich war doch schon so weit weg und wollte nicht mehr in die enge, beschränkte kleine Erdenexistenz zurück! Allerdings – war es nicht vielleicht feige, wenn ich mich jetzt schon aus dem Leben davonstahl? War dies nicht allzu leicht – womit hatte ich denn meine Lebensaufgabe erfüllt? Und meine Familie? Sie wussten ja nicht, wie schön es drüben war! Es gelang mir trotz aller Anstrengung nicht, zu meinem Vater in Kontakt zu treten. Ich geriet in ein Dilemma. Auf der einen Seite sehnte ich mich mächtig danach, noch tiefer in die verheißungsvollen, leuchtenden Sphären des Jenseits einzudringen. Andererseits stellte ich mir lebhaft bereits meine Beerdigung und die wohl unvermeidliche Trauer meiner Angehörigen vor, wenn ich nicht mehr zurückkehren sollte. Nein, das wollte ich ihnen, wenn möglich, ersparen! Wenigstens den Versuch einer Rückkehr wollte ich wagen. Irgendwann später, so tröstete ich mich, würde ich dann ja schon wieder den Weg zum Licht antreten können.

Mit der ganzen Kraft meiner ohnehin geballten geistigen Anspannung stemmte ich mich nun gegen den Sog, der mich ins Jenseits zog. Es war wie ein Schwimmen gegen einen reißenden Strom. Einen Moment lang war der Kampf unentschieden, dann aber war der kritische Scheitelpunkt überwunden, ich fiel zurück auf die andere Seite, zurück ins Leben – und war zunächst einen Moment lang maßlos enttäuscht.

Das strahlende Licht, diese lebendig pulsierende Sonne, erlosch langsam, auch die innere Glut der Gefühle verebbte, und meine eben noch so luziden Gedankengänge verwirrten sich immer mehr. So fiel ich aus einem jauchzenden Glück hinab, hinab in eine dumpfe Schattenhaftigkeit. Ein Ruck – und ich fühlte mich plötzlich wieder in meinem Körper, den ich als schwer, schmerzend und viel zu eng empfand. Verdutzt, ja erschrocken stellte ich fest, wie wenig unser seelisches und geistiges Potenzial im normalen irdischen Leben ausgeschöpft ist. Dieser dumpfe, platte, dämmrige Zustand, in dem ich mich nun befand, das war also unsere gewöhnliche, alltägliche Existenzweise! Damit musste ich mich nun eben abfinden – die Kapazität unseres leibverbundenen irdischen Wesens reicht offenbar nicht aus für jene aufs höchste gesteigerten emotionalen und geistigen Fähigkeiten, für jene visionären Erkenntnisse, die uns erst im Aufbruch des Todes zu Teil werden.

Auf diesen ersten Schreck hin floh ich nochmals in eine milde Bewusstlosigkeit.

Als ich daraus erwachte, befand ich mich in einem kleinen, schaukelnden Raum. Ein weiß gekleideter Mann tat darin freundlich seine Pflicht, sah, dass ich mich wieder regte, und fragte: ‚Wie heißen Sie? Und in welcher Krankenkasse sind Sie?'

In den folgenden Wochen im Spital war ich trotz äußerlich nicht allzu angenehmer Umstände doch sehr fröhlich und vergnügt. Die erste Enttäuschung über das Zurückkommen war rasch überwunden.

Zwar empfand ich gelegentlich noch ein Heimweh nach drüben, freute mich nun aber auch sehr über dieses geschenkte zweite Leben – diesmal ein Leben ohne Angst vor dem Sterben. Indem ich diese geheime Grundangst verloren hatte, schmolzen auch manche anderen Ängste dahin. Allerdings erzählte ich mein Sterbeerlebnis weder den Krankenschwestern und Ärzten noch dem Spitalgeistlichen, nur einzelnen meiner engsten Familienangehörigen gegenüber machte ich eine knappe Andeutung, dass ich kurz gestorben sei. Jahrelang scheute ich mich, über dieses für mich wichtige Schlüsselerlebnis zu sprechen, da ich es für zu persönlich hielt und auch fürchtete, man könnte mich für verrückt halten. In jenen ersten Jahren nach dem Unfall durchzuckte mich aber jedes Mal im ersten Moment eine jähe Freude, wenn ich vom Tod eines mir bekannten Menschen erfuhr – Freude für ihn, dass er nun auch diese unsäglich schöne Erfahrung mit dem Licht hatte machen können (was mich aber dann nicht hinderte, über die Trennung auch zu trauern).

Im Laufe der Jahre spürte ich eine allmähliche Entkrampfung der Menschen gegenüber dem bisherigen Tabu-Thema Tod. Raymond Moody,

Elisabeth Kübler-Ross und andere machten seit Mitte der 1970er-Jahre die Beschäftigung mit dem Sterben zunehmend salonfähig. Als mir zum ersten Mal ein Buch mit einer Sammlung von Sterbeerlebnissen (Leben nach dem Tod: Die Erforschung einer unerklärlichen Erfahrung von Raymond A. Moody) in die Hände fiel, wühlte es mich sehr auf: Nun realisierte ich, dass mein Erlebnis gar nicht so persönlich, individuell und geheim war, wie ich geglaubt hatte, sondern dass zahllose andere Menschen angesichts des Todes erstaunlich ähnliche Erfahrungen machten. Das erleichterte mich. Inzwischen sind ja zahllose analoge Berichte bekannt. Offenbar entspricht eine derartige Nahtoderfahrung der allgemeinen menschlichen Struktur."

(Anmerkung der Autorin: Die Fragen, die jemand in der NTE stellt, sind aber schon sehr persönlich und die Begegnungen auch, nur die Elemente sind die gleichen.)

„Allerdings ist es fast unmöglich, dieses überwältigende Erlebnis in Worte und Sprache zu fassen. So vermag denn auch obige Schilderung

höchstens eine schwache Ahnung von dem zu vermitteln, was wirklich abgelaufen war."

Magdalen Bless-Grabher konnte ihr Erlebnis sehr differenziert und genau schildern. Sehr schön zu sehen ist das Phänomen der Zeitlosigkeit, der Multidimensionalität. Sie war immer dort, wo ihre Aufmerksamkeit war. Die Zeitlosigkeit, das ewige Jetzt, ist etwas, das wir mit unserem Verstand fast nicht fassen können. Wenn wir aber sehen, dass das Bewusstsein durch den schwarzen Tunnel in das Schwarze Loch wirbelte, so befindet es sich in der inneren Raumzeit des Schwarzen Lochs. In der inneren Raumzeit kann man nicht an einem Ort verweilen, aber man kann in der Zeit an einem Zeitpunkt in der Vergangenheit verweilen oder jeden beliebigen Zeitpunkt ansteuern. Genau das machen die Nahtoderfahrenen. Damit kann man die Zeitlosigkeit, resp. das Verweilen an jedem möglichen Zeitpunkt in den Nahtoderfahrungen verstehen. Das ist ein weiterer Punkt, der das Schwarz-Loch-Prinzip bei Nahtoderfahrungen zeigt, es ist nicht nur der schwarze Tunnel. Das Universum ist auf allen Ebenen fraktal und holografisch. Im Nullpunktfeld herrscht das

Schwarz-Loch-Prinzip. Das „Jenseits" ist eine Sphäre des Nullpunktfeldes.

Im Wachzustand, wenn der Verstand an das Gehirn gebunden ist, erleben wir die Illusion der linearen Zeit. Die wahre Realität unseres Geistes, die Verbundenheit mit allem, was ist, erleben wir unabhängig vom Gehirn.

Ich stelle mir eine Kugel vor, in der Mitte ist das wahre Selbst wie eine Sonne, an der Oberfläche, um die gebündelten Strahlen herum, befinden sich unsere Inkarnationen. Alle gleichzeitig. Aber diejenige, auf die wir im Moment fokussiert sind, ist für uns „die Realität", sie ist das wichtigste Erfahrungsfeld, hier kann unser Ego handeln und lernen. Wenn es ein Problem gelöst hat, können alle anderen Egos auch davon profitieren, wenn sie wollen. Wir sind durch unser wahres Selbst mit allen und allem verbunden.

In den Nahtoderfahrungen kann das Ich-Bin sich offenbar auf alles fokussieren, weil das Gehirn nicht miteinbezogen ist und das Bewusstsein sich im Schwarzen Loch befindet. Das Gehirn filtert Frequenzen aus dem Nullpunktfeld heraus, damit wir nicht mit Infos überschwemmt werden. Aber das Schwarze Loch ist nur für die physischen

Augen schwarz, für das Bewusstsein ist es geistiges Licht. Die Neuroanatomin Jill Bolte Taylor schildert in ihrem Buch *Mit einem Schlag* eindrücklich die Auswirkungen eines Schlaganfalls auf ihr Gehirn und ihr Bewusstsein. Es ist faszinierend, dass sie bei ihrer Embolie der linken Hirnhälfte multidimensional und klar denken konnte. Erst also, nachdem das Gehirn, zumindest zum Teil, ausgeschaltet war, öffneten sich diese Bereiche.

Manchmal wollen wir Menschen das Lösen von Problemen oder Veränderungen auf das nächste Leben verschieben. Doch das ist wenig sinnvoll. Durch das wahre Selbst sind wir schon immer mit allen anderen Leben verbunden. Aber in der Regel brauchen wir von anderen Leben nichts zu wissen, da wir nur in diesem, in dem wir fokussiert sind, handeln können. Was einem sinnvollen und weisen Handeln im Weg steht, sind immer unsere Bewertungen und Beurteilungen. Sie behindern den klaren Blick und wir müssen lernen, sie loszulassen. Herauszufinden was wir wirklich wollen und was uns Freude macht, ist ein wichtiger Bestandteil auf diesem Weg. Viel zu häufig sind wir beschäftigt mit dem, was wir nicht wollen. Unsere Wünsche, die wir ans Universum absenden, müssen das beinhalten, was wir wirklich wollen – ohne Wenn und Aber. Das Universum hat alles, was uns hilft, unsere Wünsche zu verwirklichen. Wir sind immer mit der Energie und den Informationen der Schwarzen Löcher verbunden. Großherzigkeit, auch uns selbst gegenüber, ist nötig. Was wir an falschen Mustern in den Spiegelneuronen gespeichert haben, ist bei jeder ähnlichen Erfahrung präsent. Ich höre z. B.: „Ich bin nicht die Tochter, die meine Mutter sich wünschte", oder: „Ich bin nicht der Sohn, den mein Vater sich vorgestellt hat". Diese Menschen setzen sich meist ein Leben lang mit dieser Problematik auseinander, z. T. unbewusst. Sie bemühen sich sehr, alles gutzumachen, und sind doch nicht mit sich zufrieden, weil sie die Anerkennung der Eltern, die wir so sehr brauchen, nicht bekommen haben. Manchmal glauben sie, sie müssten 150 % leisten und die Besten sein und mit jedem in ihrer Umgebung konkurrieren, bis sie merken, dass das doch nichts verändert. Jeder Mensch hat das Recht und die Aufgabe, er oder sie selbst zu werden. Er muss sich immer wieder entscheiden, sich selbst zu akzeptieren und zu lieben, auch mit allen „Fehlern". Wenn wir schon vollkommen wären mit unserem Ego, wären wir nicht hier.

Der Lebensrückblick bei Magdalen Bless-Grabher zeigt sehr deutlich, um was es geht, nämlich ob die Motivation eines Handelns aus Liebe geschieht oder nicht. Sie konnte alle Zusammenhänge verstehen, sah den Sinn in ihrem Leben. Sie konnte in die Rolle ihrer Mitmenschen schlüpfen und sehen, was sie in ihnen ausgelöst hatte, wie ihre Gedanken und Gefühle wie Wellen weitergingen. Analog postuliert die neue Physik ja auch, dass sich unsere Handlungen wie Wellen in Raum und Zeit auswirken.

Während ihrer Lebensrückschau beurteilte Magdalen Bless-Grabher sich selbst. Es gab keinen verurteilenden Gott. Das berichten alle Menschen mit einer Nahtoderfahrung gleichermaßen. Die Erfahrung der Liebe ist bei jeder NTE grundlegend. Die Menschen, die sich bemühen so zu leben, dass sie niemandem schaden, brauchen sich vor ihrer eigenen Lebensrückschau nicht zu fürchten. Doch was ich anderen antue, tue ich auch mir an. Mord, Raub und andere Taten, die zu viel Leid beitragen, verdunkeln den Lichtkörper und die Täter spüren den Schmerz, den sie anderen zugefügt haben. Das ist nicht die Strafe eines rächenden Gottes, sondern schlicht die Konsequenz aus den universellen Gesetzen.

Nach der Hin und Rückreise des Ich-bin durch den schwarzen Tunnel lässt sich feststellen, dass sich das Ich-Bin erweitert hat. Nach dem Tunnel kommt das Schwarze Loch, in dem der kreative Prozess stattfindet. Stephen Hawking meinte, es komme Information aus dem Schwarzen Loch, die unlesbar sei. Das glaube ich nicht. Das ist sicher nicht so. Die Nahtoderfahrenen kommen ja alle mit einer Erweiterung ihres Bewusstseins zurück, sie verstehen und wissen mehr als vorher. Möglicherweise sind Neutrinos Träger unseres Bewusstseins bei Nahtoderfahrungen, denn sie können Materie durchdringen.

Interessant sind auch Nahtoderfahrungen von Menschen, die blind sind oder sehr stark in der Sehfähigkeit eingeschränkt. Diese Menschen sehen während ihrer Nahtoderfahrungen sehr klar.

Kenneth Ring und Sharon Cooper zeigen in ihrem Buch *Wenn Blinde sehen* viele bemerkenswerte Beispiele. Eines, das Erlebnis von Marsha, möchte ich hier anfügen:

Im Alter von 32 Jahren erlebte Marsha eine NTE. Sie hat eine stark eingeschränkte Sehfähigkeit, sieht mit dem linken Auge nur verschwommene Umrisse und ist auf dem rechten Auge vollständig blind. Marsha hatte ihre NTE als Folge von Schwangerschaftskomplikationen. Sie verlor das Bewusstsein und hatte keinen Puls mehr.

Marsha erzählt, wie sie immer tiefer in ihr Bett einsank. Plötzlich war alles anders, kein Schmerz mehr und es ging nach oben, statt nach unten. Sie fühlte sich in so etwas wie einem dunklen Tunnel. Er war lang und schwarz. Marsha konnte nur den Tunnel wahrnehmen. Rund war er und eng, so eng, dass gerade eine Person hindurchpasste. Marsha hatte den Eindruck, wie von einem Staubsauger eingesaugt zu werden. Es war windig im Tunnel und es war, als würde sie vorwärtsgetrieben, aufwärts. Es gab da eine Menge solcher Tunnel, mit anderen Personen. Jede in ihrem eigenen Tunnel.

„Je tiefer du in den Tunnel eindringst, desto friedlicher wird alles. Es fühlt sich so etwas wie Wind an – aber es ist friedlich. Und als ich näher und näher komme, höre ich auf einmal Glocken läuten – stärker und stärker, alles ist Musik und Glocken, aber nicht wie Glocken hier bei uns, es war anders."

Auf einmal war da ein weißes Licht, ganz weit weg und klein. Je näher sie kam, desto heller und größer wurde es. Mehr und mehr füllte es den ganzen Tunnel.

„Und dann willst du zu diesem Licht, in dieses Licht hinein und du willst nicht mehr zurück. Du willst da hin. Es geht einfach zu diesem Licht – und da ist Frieden, kein Schmerz. Es ist einfach alles ... wie Frieden, Stimmen, Menschen und Engel.

Zuerst war da nur das Licht, dann hörte ich die Stimme: ‚Komm zum Licht!' Ich weiß, dass ich hineingehen muss. Ich weiß, es war wie Gott oder etwas Ähnliches. Als ob du ein Gesicht im Licht sehen würdest, aber du kannst es doch nicht genau sehen – das Gesicht, weißt du? Aber du siehst das Licht und es ist ein anderes Licht. Nicht wie das Licht auf der Erde – oder Sonnenlicht. Wie ein weißes Licht – oder golden-weiß, es bewegt sich, es schimmert. Unvergleichlich mit jedem Licht auf der Erde. Es ist warm – so als ob du im Licht wärest. Du siehst dieses Licht nicht nur, du wirst Teil davon und das Licht umgibt dich ganz. Wie Gott im Licht. Nichts auf der Erde kommt dem gleich.

So komme ich also dahin – und dann waren da Engel. Sie waren weiß und hatten Körper, aber nicht so wie unsere. Du kannst fast durch sie hindurchsehen. Sie sagten: ‚Du bist hierhergekommen, aber du kannst nicht bleiben, musst zurück!'"

Bevor sie zurückkehrt, wird Marsha aber noch weiteres gezeigt:

"Sie zeigten mir riesige Räume mit Tausenden, ja vielleicht Millionen von Menschen, die dort saßen oder standen. Ich stand vor ihnen und konnte sehen, wie sich die Menge bis hinten erstreckte. Darunter waren auch Leute, die ich kannte und die bereits verstorben waren. Andere, die ich nicht kannte. Meine Großmutter, die 1975 verstorben war, war da und meine Tante, die 1982 verstorben war. Da waren Babys, die gestorben waren und solche, die erst geboren werden sollten. Die konnte

ich zwar nicht sehen, aber ich wusste, dass es so war.

Ich wusste, dass mein Freund Hank dort war, er starb 1982. Zu Lebzeiten war er stark behindert. Er war blind und man musste ihm Finger und Beine amputieren. Er war dort im Himmel und es war so, als ob sein Körper ganz in Ordnung war.

Ich sah all diese Menschen und die Art und Weise, wie es dort war – Frieden. Dann sagten sie: 'Nun ist es an der Zeit zurückzugehen, nun muss es sein.' Ich erinnere mich, als ob es vor meiner Rückkehr so war, als könnte ich die Erde sehen. Ich konnte Sterne sehen, weiße Dinger, ich denke, dass es Sterne waren, ich sehe ja sonst nie Sterne. Ich konnte auch mich selbst auf der Erde sehen – meinen Körper. Er war noch am selben Platz, an dem ich ihn verlassen hatte. Er sah ganz nach mir aus, ganz gleich. Nur – ich bewegte mich nicht. Ich war tot.

Dann gehe ich zurück, rückwärts, denselben Weg, den ich genommen hatte. Zurück durch den Tunnel, höre die Musik – nur ist alles jetzt umgekehrt. Die Rückkehr geht aus irgendwelchen Gründen viel schneller – das ging ganz fix. Dann auf einmal ‚Plopp', und du bist zurück in deinem

Körper. Ich wache auf – und das ist es. Ich meine, ich wachte auf und fragte nach dem Licht, weißt du. ‚Wo ist das Licht?'"

Es freut mich hier besonders zu sehen, wie Marsha den Tunnel beschrieb. Ich habe noch nie gehört, dass jemand feststellte, dass andere Personen ebenfalls durch ihre eigenen Tunnel flogen. Jeder für sich wechselte die Dimension. Marsha zeigte auch wieder, wie stark der Sog in diesem Tunnel war und wie sehr sie in dieses Licht wollte. Auch ist es selten, dass jemand sich daran erinnert, auch bei der Rückkehr durch einen schwarzen Tunnel zu gleiten, das nun aber viel schneller. Darum nehmen es viele wahrscheinlich gar nicht wahr.

Marsha war mehr die Beobachterin, man zeigte ihr den „Himmel" mit vielen Wesen. Sie sah, dass ihr verstorbener Freund Hank in dieser Dimension gänzlich unversehrt war. Wahrscheinlich war es ein sehr vielfältiges und überwältigendes Ereignis für Marsha, diese Dimension auch sehend wahrzunehmen. Die Schilderungen zeigen auch, wie schwierig es ist, eine solche Erfahrung in Worte zu fassen.

Ein interessantes Detail ist auch, dass Marsha auch die Seelen wahrnehmen konnte, die die Inkarnation noch vor sich hatten.

Das Licht beschreibt Marsha als gottähnlich, sie fühlte sich als Teil dieses personifizierten Lichtes, von dem ich denke, dass es das Christusbewusstsein ist. Das empfinden auch viele andere NTEs so, dass sie sich unzweifelhaft als Teil dieses göttlichen Lichtes sehen.

Wenn Blinde in der anderen Dimension sehen, deutet das darauf hin, dass das Sehen nicht mit den physischen Augen passiert, sondern mit dem 3. Auge unseres Energiekörpers. Es gibt weitere Beispiele, in denen blind geborene Menschen Landschaften und Wesen ganz genau sehen, und zwar in beiden Dimensionen – bis sie wieder in ihrem Körper sind.[62]

Die Lebensrückblicke in den Nahtoderfahrungen erscheinen mir am wichtigsten. Sie geben uns so viel Informationen darüber, was im Leben wichtig ist. In allen dokumentierten NTEs bestätigen Nahtoderfahrene, dass sie die Gefühle, die sie bei anderen ausgelöst hatten, selbst fühlten. Folgendes hört man immer wieder: *„Alles was ich je gedacht, getan, gesagt oder gehasst, wann immer ich geholfen oder nicht geholfen habe oder hätte helfen sollen, lief vor mir ab. Wie gemein ich zu anderen gewesen war, wie ich ihnen hätte helfen können, wie gemein ich auch zu Tieren gewesen war, sogar die Tiere hatten Gefühle gehabt. Es war schrecklich, tief beschämt warf ich mich auf das Gesicht. Ich sah, wie das, was ich getan, sich auf andere Menschen und ihr Leben ausgewirkt hat. Erst da habe ich erkannt, dass jede kleine Entscheidung sich auf die ganze Welt auswirkt."*[63]

Der Lebensrückblick zeigt auch die Tatsache, dass alle unsere Gedanken, Gefühle und Handlungen in den Quanten unseres Bewusstseinsträgers gespeichert sind. Dieser Bewusstseinsträger ist bei Nahtoderfahrungen nicht das Gehirn, sondern der unsichtbare Energiekörper, der durch die Verschränkung auch die gleichen Speicherungen enthält, wie die Elektronen des Gehirns. Daher sagen uns auch die Erkenntnisse der neuen Physik, wie wichtig es ist, was wir tun. Da alles mit allem verbunden ist, beeinflusst auch unser Beitrag im Leben das ganze Universum. Die verstorbenen Verwandten, die die

Nahtoderfahrenen treffen, sind in ihren feinstofflichen Energiekörpern aus Licht. In diesem Energiekörper sind sie gesund, während der kranke physische Körper auf der Erde zurückbleibt. Im Energiekörper sind alle Taten und Gedanken gespeichert. Möglicherweise sind Neutrinos Träger des Bewusstseins, das lässt sich zur Zeit noch nicht mit Bestimmtheit feststellen. Die Kommunikation läuft über die Sprache des Lichts. So, wie an Pfingsten die Jünger, erfüllt vom Heiligen Geist, alle Anwesenden in ihren eigenen Sprachen, die verschieden von den ihren waren, verstanden, so verstehen sich alle menschlichen Wesen aller Kulturen im Jenseits (Nullpunktfeld).

Über die Beziehung der Verstorbenen mit den hinterbliebenen Lebenden

Das Jenseits ist hier. Es sind die Sphären des Nullpunktfeldes, in denen sich alles bewegt. Im Buch *Das Zeugnis des Lichts* von Helen Greaves erzählt Frances Banks von einem Physiker, der früher Atheist war und jetzt im Jenseits feststellte: *„Ich als ein geistiges Wesen mit einem leichteren Körper, ich lebe weiter. Das Leben auf der Erde war das Resultat eines spezifischen Schwingungsgrades. Dieser Schwingungsgrad war eine Projektion unseres begrenzenden Bewusstseins."*[64]

Dem Verstorbenen fehlt der physische Körper, aber den Ätherköper und den Astralkörper hat er noch, wie wir Lebende. Die Lebenden und Verstorbenen sind nur auf der physischen Ebene voneinander getrennt. D. h. in den Sphären der Äther- und Astralwelt können wir uns begegnen. So wenig wie uns die materielle Welt beim Schlafen bewusst ist, so wenig ist uns die Äther- und Astralwelt im Wachsein bewusst. Aber des Nachts, während wir schlafen, ist ein Kontakt mit den Hinterbliebenen möglich, auch wenn wir am

Morgen nichts mehr davon wissen. Gefühle und Gedanken, die wir den Verstorbenen senden, nehmen diese in der Regel wahr. Liebevolle Gedanken tun ihnen besonders gut. Man muss sich vorstellen, dass die Verstorbenen ein neues Land betreten haben, das sie zuerst kennenlernen müssen. Der Abschied von der Familie und den Freunden macht ihnen am Anfang sehr zu schaffen. Dies ließ mir bspw. mein Bruder mitteilen. Mein verstorbener Freund sagte, er sei nur einen Gedanken weit von mir entfernt und er genieße die Weite und Schönheit dort. Das spüre ich manchmal auch. Menschen, die glauben nach dem Tod sei alles zu Ende, können sich schlecht zurechtfinden und sind einsam. Wenn sie Freunde haben, die auch so denken, ist kaum ein Kontakt möglich. Leben ist Kommunikation und Bewusstsein ist Resonanz. Manchmal sind die Materialisten aus lauter Trotz einsam, weil sie nicht wahrhaben wollen, dass ihre Philosophie nicht stimmt. So behindern sie für lange Zeit (obwohl es dort unsere Zeit nicht gibt), oder vielleicht besser: für lange Bewusstseinsphasen, ihre Weiterentwicklung.

Der Kontakt zwischen Lebenden und Verstorbenen ist für beide Seiten sehr förderlich, und nicht nur das, er ist auch förderlich für die gesamte Entwicklung der Menschheit. Warum? Wir Menschen hier auf Erden machen einmalige Erfahrungen und ziehen Erkenntnisse daraus. Diese Erkenntnisse kann man in der geistigen Welt nicht gewinnen. Die Verstorbenen sehnen sich nach diesen Erkenntnissen – und wir können sie ihnen des Nachts „mitbringen". Aber das geht natürlich nur, wenn wir die geistige Welt anerkennen. Umgekehrt können die Verstorbenen, die einen größeren Überblick haben, uns in Notsituationen schützen. Da gibt es bspw. Berichte von Soldaten, die von verstorbenen Verwandten aus dem Schützengraben herausgelotst wurden, bevor dort eine Bombe einschlug. Die Verstorbenen können uns auch inspirieren. Wir merken es nur nicht immer, dass gewisse Gedanken, die uns in den Sinn kommen, von ihnen kommen. Ich habe schon verschiedentlich gehört, dass in Zukunft der Austausch mit Verstorbenen immer fruchtbarer werden könnte. Bspw. bin ich sehr gespannt, wie sich die Inspirationen des berühmten Physikers Nicola Tesla (1856–1943) auf den Teenager Max Loughan auswirken werden, der uns zu freier Energie verhelfen will. Menschen und Verstorbene, die sich entwickeln und wachsen wollen, kommen ins „Gespräch", sagt Hans Stolp, und der Christus-Geist sei unter ihnen.

Wut und Hassgefühle können Verstorbene an die entsprechenden Menschen binden, sodass sie nicht in höhere Sphären aufsteigen können. Das zeigt, wie wichtig die Vergebung ist.

Hans Stolp führt in seinem Buch *Begegnungen im Lichtreich* aus, wie wichtig ein bisschen Selbstlosigkeit und Spiritualität der Lebenden ist, um mit den Verstorbenen Kontakt aufnehmen zu können.

Wir könnten einiges für die Verstorbenen tun, z. B. ihnen aus inspirierenden Büchern vorlesen oder für sie beten. Wir können ihnen auch in Gedanken sagen, dass sie ins Licht gehen sollten. Hans Stolp hatte ein sehr berührendes Erlebnis mit seiner verstorbenen Schwester, die immer etwas Angst vor dem Neuen hatte und der das Vertraute am liebsten war. Er hatte eine Kerze angezündet und dachte an sie. Da befand er sich plötzlich außerhalb seines Körpers. Er sah sie allein auf einem Felsen weinen. Sie fragte, was sie machen solle. Er schickte sie postwendend ins Licht. Da sah er, wie sie in immer größerer Geschwindigkeit in den Raum schoss, wie eine Rakete, die immer kleiner wird. Im nächsten Augenblick war er wieder zurück in seinem Körper und freute sich sehr. Verstorbene können aus unterschiedlichen Gründen in der Astralwelt festsitzen. Selbstbezogenheit oder mangelndes Vertrauen in die göttliche Liebe können Gründe dafür sein. Wichtig für ihren weiteren Weg ist die Erkenntnis, dass die göttliche Kraft in allem ist, was existiert. Schön, wenn die Lebenden diese Erkenntnis vermitteln können.

Zusammenfassung der Erkenntnisse aus der neuen Physik und den Nahtoderfahrungen

Jeder Erkenntnisprozess läuft über die Photonen in den Elektronen oder im Licht ab. Licht ist immer Information und Kraft, das Sonnenlicht aktiviert alle wichtigen Stoffwechsel- und Lebensprozesse. Ohne Licht würden wir nichts sehen und nichts erkennen. In der Sonne befindet sich die Liebe und Lebenskraft. Sie ist lebendiger liebender Geist in der göttlichen Ordnung der Sterne. Das Universum, in dem wir uns befinden, ist ein großes Schwarzes Loch.[65] Die kleineren Schwarzen Löcher sehen wir von außen. Das Schwarz-Loch-Prinzip ist das Schöpfungs- und Kommunikationsprinzip. Auch die Sonne hat ein Schwarzes Loch, das wir als Sonnenfleck kennen. Dieses Schwarze Loch strahlt den Christus-Geist aus. Alles ist mit allem durch das Nullpunktfeld, das nach dem Schwarz- Loch-Prinzip strukturiert ist, verbunden. Auch die menschliche Zelle funktioniert nach dem Schwarz-Loch-Prinzip, sie stellt die Verbindung zwischen Mikro- und Makrokosmos dar. Die Zentren der

Schwarzen Löcher sind alle miteinander verbunden. Leben ist Kommunikation, vom kleinsten Quant bis zur größten Galaxie.

Das ist die derzeitige Hypothese, die z. T. auch bewiesen ist.

Daten, die vom Chandra-Observatorium ausgewertet, mit dem Computer simuliert und als Bild dargestellt wurden, zeigen eine vernetzte Struktur, die Nervenzellen gleicht. Diese Struktur ist quasi das Gefäß des Universums, das „Gehirn" Gottes. Unsere Gedanken und Gefühle kommunizieren auch mit diesem Gehirn, mit dem kosmischen Internet. Interessant ist, dass die alten Kahunas auf Hawaii eine Methode pflegten, um telepathisch zu kommunizieren. Sie stellten sich vor, dass ihre Gedanken wie Perlen auf einer Kette seien, die von einer Person zu einer anderen gingen.

Die Nahtoderfahrenen machen durch den schwarzen Tunnel einen Dimensionswechsel durch. Ihr Bewusstsein und Gedächtnis existieren unabhängig vom Gehirn. Das unterstützt die Theorie, die besagt, dass das Gedächtnis sich im Äther, im Nullpunktfeld, befindet. Die

Nahtoderfahrenen werden von einem starken weißen, nicht blendenden Licht angezogen, das sie als personifiziert und z. T. als Christus erleben. Sie fühlen sich verbunden mit allem, was ist, und können alles wissen, was sie wollen, weil in der inneren Raumzeit des Schwarzen Lochs jeder Zeitpunkt angepeilt und damit die Informationen dieses Zeitpunktes erfahren werden können. So können sie mehr über das Universum erfahren, als es momentan auf der Erde möglich ist.

Die Lebensrückblicke der Nahtoderfahrenen sind eine Fundgrube. Sie sind ein Schatz, den sie uns hinterlassen, weil sie nicht nur alle Gedanken, Gefühle und Taten sehen, die sie je in ihrem Leben generierten, sondern auch alle inneren Zusammenhänge verstehen und sehen, dass es die Motivation ist, die zählt. Doch damit endet die Erkenntnis nicht. Nahtoderfahrene erleben zudem die Auswirkungen, die ihre Gedanken und Taten auf andere Menschen und die Welt hatten. Sie und die Verstorbenen können von der jenseitigen Dimension nur zuschauen, wie sich das weiterentwickelt, was sie angerichtet haben. Aber sie können natürlich auch die Früchte ihres Lebens erkennen und mit Freude feststellen, was sich positiv entwickelt. Da die Nahtoderfahrenen wieder zurück auf die Erde kommen, haben sie eine Chance, dem Leben eine neue Wendung zu geben und unter Umständen einiges wiedergutzumachen. Sie haben auch die Möglichkeit, andere zu lehren. Diejenigen, die in der jenseitigen Dimension bleiben, also die Verstorbenen, können das nicht. Sie lernen wohl in ihrem Lebensrückblick, aber auf der Erde können sie nicht mehr direkt eingreifen. Nur indirekt via Gedanken, die der Mensch im Diesseits u. U. als Inspiration aufnehmen kann. In diesem Sinne gefällt mir der Ausspruch: *„Legt eure Schätze im Himmel an."* (Matthäus 6,20) Es stimmt, dass es dort keinen verurteilenden Gott gibt, aber wir sind ein Teil von ihm und daher beurteilen wir uns selbst, mit unserem wahren Selbst. Beurteilen ist nicht Verurteilen. Viel mehr geht es darum, Einsichten zu bekommen. Wenn wir etwas nicht richtig verstanden haben oder etwas gutmachen wollen, müssen wir uns wieder verkörpern. Wir können das nicht im Jenseits, da hier die Herausforderungen der 3-D-Welt fehlen. Wir können dort lediglich im Rahmen unserer Möglichkeiten helfen und uns höhere Seinsstufen „verdienen", indem wir die Seelen, die mit ihrem Lebensrückblick nicht zurechtkommen, unterstützen.

Im Jenseits können wir auch nichts verstecken, alles ist zu jeder Zeit mit allem verbunden und offen. Wenn wir jemandem begegnen, sind wir beide wie ein offenes Buch füreinander. Da lohnt es sich, schon auf der Erde ehrlich zu sein und sich keine Maske aufzusetzen. Niemand kann sich mit einem Amt brüsten oder mit materiellem Besitz. Es kommt nur drauf an, was wir aus der Motivation der Liebe heraus getan haben.

Es ist sehr berührend zu sehen, wenn sich die Nathtoderfahrenen im Christuslicht getragen und getröstet fühlen und spüren, dass sie mit all ihren „Fehlern" angenommen werden. Sie fühlen sich eins mit diesem Licht, weil das Christusbewusstsein ein Kollektivbewusstsein ist. Aber nach diesem Leben auf der Erde sind wir nicht im Ruhestand. Das wäre uns auch bald zu langweilig, vermute ich. Wir sind immer dort, wo unsere Gedanken sind. Hass hält uns auf einer niedrigeren Ebene gefangen. Wir kommen erst weiter, wenn wir verzeihen können. Die Frequenzen, die wir ausstrahlen, bestimmen die Existenzebene. Wir können diese Frequenzen nicht manipulieren, wir sind dort wo wir hingehören, weil alles nach dem Prinzip der Resonanz funktioniert. Nach unserem Licht und unserer Liebe platzieren wir uns selbst. Darum wäre es so wichtig, unser Licht auf Erden nicht zu verdunkeln. Wir müssen lernen, unser Ego von unserem höheren Selbst inspirieren zu lassen, z. B. durch Meditation. Das ist nicht immer einfach, vor allem, wenn wir große seelische Herausforderungen zu bewältigen haben. Aber das sind zugleich die Zeiten, in denen wir am meisten lernen können. Es ist manchmal sehr schwer, nicht zu urteilen, sondern nur zu benennen. Auch in Bezug auf uns selbst.

Verbrecher wissen wirklich nicht, was sie tun. Wüssten sie es, sie würden es sich zweimal überlegen. Alles ist im Ätherbereich unseres Seelenkörpers gespeichert.

Glauben wir, der Schöpfer sei weniger clever als wir? Wir kreieren in der Materie Kommunikationsmöglichkeiten wie Fernseher, Telefon und Internet – das, was im Geist schon immer vorhanden war als Telepathie und Hellsehen, und in vielen Experimenten bestätigt wurde. Aber es braucht eine gewisse seelisch-geistige Entwicklung, damit diese Fähigkeiten aktiviert werden. Andernfalls könnten sie sonst dem Menschen schaden, weil er sie nicht handhaben kann. Ich selbst hatte immer großen

Respekt vor diesen Fähigkeiten, war zufrieden, zu wissen – nach ein paar Erfahrungen – dass es sie gibt, aber ich habe sie nicht trainiert – und werde das auch nie tun.

Schon vor 100 Jahren hat Rudolf Steiner darauf hingewiesen, wie wichtig es sei, dass die Menschen etwas von der Wissenschaft des Geistes verstehen. Das gilt heute mehr denn je. Unsere Zeit ist geprägt von Auswüchsen, die auf ein Defizit im Wissen um geistige Sphären zurückzuführen sind. Denken wir nur bspw. daran, dass Chirurgen Schweineherzen in den Menschen transplantieren wollen. Der Mensch wird immer noch als Maschine betrachtet, die mit Ersatzteilen repariert werden kann. Auf solche Gedanken kommen Menschen nur, wenn sie noch nie etwas von Geisteswissenschaft und neuer Physik gehört haben.

Aus den Nahtoderfahrungen lässt sich meiner Ansicht nach eindeutig der Schluss ziehen, dass wir geistige Wesen sind, die in einem materiellen Körper Erfahrungen machen. Diese sinnlichen Erfahrungen sind nur in der materiellen Welt möglich. Und das können sehr schöne Erfahrungen sein. Die Erde ist wunderschön. Düfte, köstliche Speisen, Berührungen – alles, was unsere Sinne berührt, ist einzigartig. Musiker komponieren wunderbare Klänge und wir erleben die irdische Liebe. Auch die Naturwissenschaftler haben sehr viel herausgefunden und großartige technische Anwendungen entwickelt. Es ist erstaunlich und faszinierend, was der menschliche Geist in dieser materiellen Welt alles zustande brachte und bringt. Doch zugleich gibt es ethische Grenzen in der Anwendung.

Klänge und visuelle Erfahrungen gibt es auch im Jenseits, aber wer nach irgendetwas süchtig war, wird sein Verlangen dort nicht befriedigen können. George Ritchie, der als junger Student an Lungenentzündung gestorben und bereits vollständig mit einem Laken zugedeckt war, bekam auf das Drängen eines Pflegers hin noch eine Adrenalinspritze ins Herz – und kam wieder zu sich. Ritchie machte eine ausgedehnte Nahtoderfahrung. Er fühlte sich mit Jesus Christus verbunden und wurde unter anderem in eine Bar geführt. Dort sah er, wie Männer an einer Theke standen und nach ihren Gläsern griffen. Sie griffen mit ihren Händen aber immer durch das massive Glas hindurch und auch durch die feste, hölzerne Theke; sie konnten das Glas nicht an die Lippen führen. Andere Verstorbene langten gierig nach Zigaretten, konnten sie aber nicht ergreifen. Diese „Männer" hatten nicht die Lichthülle, wie andere, die wirklich tranken und rauchten. Demnach musste die Lichthülle nur zu den lebenden Körpern gehören. Ritchie sah auch, dass die Lebenden die Toten nicht sehen konnten, diese untereinander konnten aber kommunizieren und stritten sich um die Gläser und Zigaretten. Das heißt, verstorbene Süchtige drängte es an die früheren Orte ihres Lasters, aber sie können ihre Sucht nicht mehr befriedigen. Ritchie erkannte, dass sein eigener substanzlos erscheinender Körper ebenfalls keine Lichthülle besaß. Die Lichthülle war anscheinend so etwas wie ein Schild gegen körperlose Wesen. Doch George Ritchie wurde vom Christuslicht geschützt. Er wurde noch an verschiedene andere Orte geführt und sah z. B. eine Horde aggressiver Wesen, die miteinander kämpften und stritten. Allen fehlte der Lichtmantel. Er wurde aber auch in ein riesiges Studienzentrum gebracht, wo die Seelen sich begeistert über eine Erfindung freuten.

Ritchie konnte überall hineinsehen und erkennen, dass die Seelen im Jenseits dort waren, wo ihr Herz war. Er konnte die Auswirkungen ihres

Denkens und Tuns sehen. Daher finde ich es so wichtig, dass die lebenden Menschen ihr Leben auf der Erde ernst nehmen und sehen, das sie für ihr Tun die Verantwortung tragen.

Auch wenn christliche Nahtoderfahrene im weißen Licht das Christusbewusstsein erleben, gibt es keine Anhaltspunkte dafür, dass im Jenseits eine Religion vorherrscht. Das geistige Gesetz ist das der Liebe und des Dienens. Es gilt für alle Seelen. Es gibt dort keine Konfessionen. Aber wir Christen sagen zum Bewusstsein des Sohnes Gottes Christusbewusstsein. Dieses Bewusstsein können alle Menschen in einer Nahtoderfahrung erleben. Die Physiker geben den Kräften auch Namen wie „starke Kräfte", „schwache Kräfte" oder „Quarks". Diese Namen können Eigenschaften beschreiben, doch hauptsächlich dienen sie einfach der Verständigung; man könnte auch andere wählen.

Das Wichtigste, das es zu erkennen gilt, ist die Tatsache, dass wir aus der neuen Physik wissen, dass alles was wir in einem Leben getan, gedacht und gefühlt haben für immer gespeichert ist. Es geht keine Information verloren. Darum wirkt sich jedes Leben auf „frühere oder spätere" Leben aus. Ich schreibe das in Anführungszeichen, weil es in der geistigen Welt keine Zeit gibt. In der 3-D-Welt können wir uns immer nur auf das entsprechende Leben fokussieren. Die Einflüsse aus den anderen Leben sind aber da und können uns enorm behindern oder fördern.

Was sagen Skeptiker der Nahtoderfahrungen?

Skeptiker der Nahtoderfahrungen meinen, der Lebensrückblick sei eine Art Abwehrmechanismus der Psyche. Darüber hinaus wird vermutet, dass im sterbenden Gehirn, dem Teil, der für Erinnerungen zuständig sei, im Moment des Todes elektrische Entladungen ausgelöst würden. Erinnerungen, die auf diese Weise zustande kämen, wären jedoch völlig chaotisch. Wenn die Sylvische Fissur, eine ausgedehnte seitliche Furche des Gehirns, elektrisch gereizt wird, beschreiben die Probanden lediglich unzusammenhängende Erinnerungsbilder aus ihrem Leben. Mit der Klarheit eines Lebensrückblickes haben diese Erfahrungen nichts zu tun; eines Lebensrückblickes, bei dem alle inneren Zusammenhänge erfasst und die Gefühle von anderen Lebewesen miterlebt werden. Denn es sind ja nicht nur Erinnerungen, sondern ein Verständnis für alle Zusammenhänge im Leben, die man vorher nicht verstanden hat sowie eine Verbundenheit mit allem, was ist. Außerdem ist es möglich, durch die Fokussierung auf jeden möglichen Zeitpunkt, auch in der Zukunft, das Wissen dieses Zeitpunktes zu erfahren. Und dieses Wissen ist nicht in den Neuronen des Gehirns gespeichert; es kann (darf) am Ende der NTE auch nicht in den Körper mitgenommen werden. Leider werden immer wieder die absurdesten Argumente angebracht, um diese außerordentlich klaren geistigen Erkenntnisse vom Tisch zu wischen.

Auch der Neurologe Olaf Blanke wollte mittels Elektrostimulation eine außerkörperliche Erfahrung simulieren. Die Patientin, die sich für diese Versuche zur Verfügung stellte, sah aber nur von oben ihren Rumpf und die Beine. Sie schilderte visuelle Verzerrungen, die bspw. ein Bein kürzer erscheinen ließen.[66] Das hat mit außerkörperlichen Erfahrungen, bei welchen die Patienten Ärzte operieren sehen, jedes gesprochene Wort der umstehenden Menschen hören oder gar durch Decken und Wände fliegen können, nichts, aber auch gar nichts zu tun. Ich halte es auch für verwegen, Nahtoderfahrungen durch Untersuchungen an Rattenhirnen erklären zu wollen, denn es geht um das menschliche Bewusstsein. Bei Nahtoderfahrungen weitet sich unser Bewusstsein aus ins Allbewusstsein, unabhängig vom Gehirn. Eine Nahtoderfahrene sagte, wenn Naturwissenschaftler eine NTE erklären wollen, komme es ihr vor, als würde ein Blinder über Farben dozieren. Das halte ich für eine sehr treffende Analogie. Es stimmt, dass das Ego im Zusammenhang mit dem Gehirn entwickelt wird, aber das Ego steht zum wahren Selbst wie der Mond zur Sonne. Außerdem zählen zu den Nahtoderfahrenen auch Professoren und Wissenschaftler, die nach ihrer NTE eine tiefe persönliche Veränderung erlebten und so, gewissermaßen, vom Saulus zum Paulus wurden.

Ich vermute, der entscheidende Punkt bei den Skeptikern ist, dass sie in ihren Theorien zumeist davon ausgehen, dass das Ich-Bin vom Gehirn gebildet wird und nicht unabhängig vom Gehirn existieren kann, obwohl NTEs diese Vermutung immer wieder nahelegen. Es scheint, als würden hier Dogmen über Erfahrungen gestellt. Eine Nahtoderfahrung kann man nicht „widerlegen", für den Menschen, der sie erlebt hat, ist sie eine unumstößliche Tatsache. Außerdem haben Wissenschaftler wie Karl Pribram und Walter Schempp festgestellt, dass unser Gedächtnis sich auch im Nullpunktfeld befindet.

Die Skeptiker vermuten, dass durch einen Sauerstoffmangel Halluzinationen ausgelöst werden. Halluzinationen haben aber noch nie neue Erkenntnisse generiert und sich durch glasklares Denken geäußert. Die Vision des Tunnels wird mit Blutunterversorgung im Sehzentrum erklärt. Das Bewusstsein wirbelt aber durch den Tunnel, so wie auch Licht wirbelt. Meines Erachtens nach sieht das eher nach dem Schwarz-Loch-Prinzip aus. Der Weg durch den Tunnel führt ja eindeutig zu einem Dimensionswechsel.

Auftretende Glücksgefühle wollen die Skeptiker mit dem Ausschütten von Botenstoffen erklären, mit Endorphinen oder Serotonin. Das kann wirklich nur jemand sagen, der das nicht erlebt hat, weil dieses Glücksgefühl mit nichts in unserem Alltagsleben verglichen werden kann. Zu sagen, der Unterschied sei Milliarden Mal größer, ist ein untauglicher Versuch, das zu erklären.

Wenn man 2000 Menschen über ihre Vorstellungen zu den Themen Tod und Nahtoderfahrungen befragt, kennt man die Einstellungen der Befragten und kann sagen, wie viele von ihnen NTEs für real halten. Da jedoch nur etwa 4,3 % der Menschen überhaupt eine

Nahtoderfahrung machen, (und möglicherweise keiner der 2000 Befragten jemals eine NTE erlebt hat), lässt sich durch solche Statistiken dem Phänomen selbst nicht auf die Spur kommen.

Durch einen Tunnel zu wirbeln und Licht zu sehen ist nur der Anfang einer NTE und nicht zu vergleichen mit einer vollständigen Nahtoderfahrung, wie sie bspw Magdalen Bless-Grabher erlebt hat. Bruce Greyson hat eine Skala entwickelt, die definiert, ab wann von einer NTE gesprochen werden kann. Bei einer vollständigen Nahtoderfahrung lassen sich 13 Elemente finden, die sich wiederholen. Dabei durchläuft ein Mensch nicht unbedingt alle diese Elemente. Erlebt jemand nur den Anfang, ist das noch keine NTE. Diese Menschen neigen dann dazu, NTEs als Durchblutungsstörungen abzutun. Namhafte Wissenschaftler und Nobelpreisträger sind da allerdings anderer Meinung. Sir John Eccles schrieb: *„Ich bleibe dabei, dass das Mysterium des Menschen vom wissenschaftlichen Reduktionismus in unglaubwürdiger Weise herabgewürdigt wird, wenn er behauptet und verspricht, die gesamte spirituelle Welt letzten Endes auf materialistische*

Weise mit Mustern neuronaler Aktivität erklären zu können."[67]

Ich stelle immer wieder fest, dass dieser Reduktionismus an den Universitäten alles andere als überwunden ist.

Nahtoderfahrene erleben häufig, dass sie alles verstehen und wissen können. Sie erhalten einen Einblick in die Naturwissenschaften, die Mathematik und in die Zusammenhänge, die das Leben ausmachen. Diese Menschen können sich wünschen, ins alte Rom zu schauen oder an jeden anderen gewünschten Ort und in jede gewünschte Zeit. Das erscheint mir logisch, weil sie im Schwarzen Loch, im Christusbewusstsein sind, ohne die Begrenzungen des Gehirns.

Außerdem finde ich es, gelinde gesagt, absurd, dass Naturwissenschaftler „beweisen" wollen, dass außerkörperliche, bewusstseinserweiternde Erfahrungen von Millionen von Menschen unmöglich seien. Diese Erfahrungen wurden gemacht, daran gibt es nichts zu rütteln – und, viel wichtiger, sie haben die Menschen zum Positiven verändert. Die Motivation des Forschers ist der wichtige erste Schritt. Denn die Haltung beeinflusst das Ergebnis. Unvoreingenommen und offen zu sein, Unerwartetes zu entdecken – das müsste die Haltung von Forschern sein.

Die Physiker sind sich einig, dass Zeit nur in der 3-D-Welt existiert. Zum Außergewöhnlichen der Nahtoderfahrungen gehört das Erleben der Zeitlosigkeit resp. der Allgegenwart. Darum haben die Nahtoderfahrenen auch Mühe, das Erlebte in Worte zu fassen. Weil sie sich im Innern des Schwarzen Lochs befinden, müssen sie nicht an einem Ort verweilen, sondern können auf alle möglichen Zeitpunkte fokussiert sein und so sämtliche Informationen erfahren, die sie wollen.

In der geistigen Welt sind wir in Licht gekleideter Geist. Manchmal tragen die Ich-Bin ihre „Lieblingskleider" aus Licht (siehe den Abschnitt „Anatomie der Seele"). Schönheit, Harmonie und Helligkeit der Kleider hängen aber vom Licht ab, das die Verstorbenen von ihrer letzten Inkarnation mitbringen. Es ist offensichtlich, dass Liebe und Erkenntnis hell strahlen, im Gegensatz zu Destruktivität, Aggressivität und Selbstsucht. Die Negativität muss aber sehr groß sein, damit es sich sehr schlimm äußert. Auch diesen dunklen Bereich gibt es im Jenseits. Die Seele wird nie zu Liebe und Ehrfurcht gezwungen. Sie bleibt so lange in der Dunkelheit, bis sie Reue empfindet und eine Änderung will. Dann wird ihr geholfen, einen anderen Weg einzuschlagen. Wir werden nie vom Schöpfer verurteilt, das sagen alle Nahtoderfahrenen. Unser Zustand im Jenseits ist die Konsequenz des irdischen Lebens. Interessanterweise berichtete Howard Storm in seiner Nahtoderfahrung zuerst von diesem dunklen Bereich. Er war Atheist und vor dem Zeitpunkt seiner Nahtoderfahrung von Schmerzen gequält und wütend. Nach dem Gesetz der Resonanz begegneten ihm zuerst dunkle, höhnende und boshafte Wesen, bis er sich in seiner Not erst zaghaft, dann immer mutiger Gott zuwandte. Damit vertrieb er die dunklen Wesen und kam ins Licht. Er sagte, diese dunklen Wesen seien einmal Menschen gewesen. Howard Storm war Kunstprofessor und wurde nach seiner Genesung Seelsorger. Die Nahtoderfahrung hat ihn völlig verwandelt.

Die Verstorbenen, die Nahtoderfahrene auf der anderen Seite treffen, abgesehen von Kindern, werden alle als etwa 30-jährig beschrieben. Zudem erscheinen sie normalerweise unversehrt und schön. Mein Patenkind hat seinen Vater eines Nachts in einem luziden Traum gesehen, nachdem dieser gestorben war. Er sagte, er hätte seinen Vater zu Lebzeiten nie so jung gesehen. Auch ich habe seinen Vater (meinen Bruder) gesehen, ein Jahr nach dessen Tod. Er war jung und lichtvoll. Eine meiner Patientinnen sah in ihrer NTE ihr verstorbenes Kind in dem Alter, in dem es jetzt wäre. Nach dem Gesetz der Resonanz ziehen die Nahtoderfahrenden auch die Wesen an, zu denen sie eine Beziehung hatten. Wir sind nur einen Gedanken weit entfernt von unseren Lieben, die verstorben sind.

Schon Millionen von Menschen auf der ganzen Welt erlebten eine Nahtoderfahrung. Sie haben einen Blick in ihre geistige Realität werfen können und wissen ohne Zweifel, auf was es im Leben ankommt und dass sie geistige Wesen sind. Sie hatten das Privileg, die Dimension wechseln zu können. Sie haben keine Angst mehr vor dem Tod.

Gleichzeitig sehen sie aber, dass sie in diesem Leben in der 3-D-Welt noch Erfahrungen zu machen haben und auch Informationen weitergeben können.

Was sind die wichtigen Konsequenzen für unser Leben?

Eine neue Sicht auf den Tod im Leben als Ende und neuer Anfang

Die meisten Menschen tun sich in der 3-D-Welt schwer mit jedweder Art von Trennung, sei es das Ende einer Beziehung oder der Tod. Der Tod gehört zu den größten Herausforderungen und ist gleichzeitig die große Erfindung und Haupteigenschaft der materiellen Welt; er ist nur hier zu finden und zu erleben. In der geistigen Welt gibt es keinen Tod. Im Universum geht keine Energie verloren, sie wandelt sich nur um. Der Gedanke an den Tod erzeugt Angst vor Verlust, vor dem Alleinsein. Ein Beispiel:

Ein älterer verwitweter Patient erzählte mir von der Begegnung mit einer Frau. Diese jammere immer wegen ihrer dementen Mutter, die auch an den Füßen Durchblutungsstörungen und eine offene Wunde hätte. Man müsse ihr nun möglicherweise noch den Fuß abnehmen. Außerdem sei seine Katze krank, fresse nicht mehr und hätte im Mund offene Stellen. Er hätte solche Angst, sie zu verlieren. Es drücke ihm alles in der Brust zusammen. Ich sagte ihm, das sei genau der Ausdruck der Angst. Wann er dies früher erlebt habe? Er antwortete, bei Krankheit und Tod seiner Frau. Ich fragte ihn, was bei der Krankheit seiner Frau das Schlimmste für ihn gewesen sei. Er meinte, das Zusehenmüssen, der Schmerz der eigenen Hilflosigkeit. Er habe aber nie gejammert. Ich sagte ihm, dass die Frau, der er jetzt begegnete, ihm das unerledigte Thema spiegle. Es fielen ihm wie Schuppen von den Augen. Die Erfahrung, die dieser Patient gemacht hatte, bestätigt auch – als Beispiel für viele andere – die Aussage des Astronauten Edgar Mitchell, dass Resonanz und Nichtlokalität die fundamentalen Schlüssel zur gesamten Funktionsweise der Psyche seien. Ich sagte dem Patienten, das sei für uns alle sehr schwer, weil wir glauben würden, wir wären für immer getrennt von den Menschen oder Tieren, die wir lieben. Wir könnten den Tod daher nicht gut akzeptieren, obwohl wir wissen, dass wir gegen den Wind kämpfen, denn der Tod gehört zum Leben, wie die Nacht zum Tag.

Aber der Tod fordert uns natürlich auch zum Nachdenken auf. Wenn wir wissen, dass das Bewusstsein ewig ist und wir immer mit allem verbunden sind, dass unsere Liebsten nur einen Gedanken weit von uns entfernt sind, wird es ein wenig erträglicher. Ich riet dem Patienten, er müsse zuerst diese Verlustangst bei sich lösen. Wenn er frei wäre von dieser Angst, würde er auch eine Frau anziehen, die ebenfalls frei sei von Angst. Zugleich ist mir bewusst, dass das nicht einfach ist. Wir vermissen die Verstorbenen und müssen uns in einem Trauerprozess von ihnen lösen, um uns wieder für etwas Neues zu öffnen. Solange wir uns gegen diese Trauerarbeit wehren, verlieren wir nur Energie. Aber das geht oft einfach nicht vom Kopf ins Herz. Wir halten am Schmerz fest und wollen ihn nicht loslassen. Wir brauchen Geduld und die Bereitschaft, darüber nachzudenken und uns auf unser Herz zu fokussieren, bis wir wieder Frieden und Liebe darin spüren. Wie immer bei schmerzhaften Erfahrungen haben wir die Chance, unser Bewusstsein zu erweitern, was ohne diese Erfahrung nicht möglich wäre. Mit Trennungen verhält es sich ähnlich, auch sie sind wie ein Tod. So haben wir oft unbewusste Angst vor neuen

Beziehungen. Dann wäre es wichtig, herauszufinden, was zur Trennung geführt hat. Wir Menschen verbringen oft viel Zeit mit Auflehnung gegen Tatsachen und verlieren damit viel Energie. Wir sind häufig in der Vergangenheit und nicht im Jetzt.

Jesus war der erste Mensch, der demonstriert hat, dass der physische Tod ein Durchgang ist und die Seele weiterlebt. Der Christus als geistige Wesenheit hat durch den Menschen Jesus den Tod erfahren. Das ist eine sehr wichtige Tatsache in der Evolution der Menschheit, sagte Rudolf Steiner. Jesus Christus hat sein Licht in den Bereich des Todes gebracht. Die Nahtoderfahrenen gehen bewusst durch dieses Christuslicht in die geistige Dimension.

Liebe und Religion

Die Folgen aus unseren Handlungen, Gedanken und Gefühlen kommen auf uns zurück. Die alte Weisheit *„Liebe deinen Nächsten wie dich selbst"* (Markus 12,31), sollten wir wirklich ernst nehmen. Liebe hat die höchste Priorität. Es gibt nur einen Gott, der uns die Freiheit gab, Erfahrungen und dadurch Erkenntnisse zu generieren. Wichtig ist nur, dass wir Verantwortung für uns übernehmen, dass wir wissen, wie Geist und Psyche funktionieren, und dass Materie durch die Naturgesetze gebundenes Licht ist, das Informationen speichert. Materie und Licht sind in einem dauernden dynamischen Prozess. Die Gesetze des Universums entstammen einem Schöpfer, sie sind nicht von selbst entstanden. Eine direkte Verbindung zum Göttlichen zu finden ist unsere wichtigste Aufgabe. Die Miete eines Religionssystems ist zu teuer, habe ich mal gehört. Auch wenn wir uns von einer Religion inspirieren lassen können, müssen wir selbst denken und Verantwortung übernehmen.

Die Verbindung von Gedanken und Gefühlen ist überaus wichtig. Das wurde schon im Brot und

Wein (Licht und Liebe) ausgedrückt, die zusammengehören. Sie sind Symbole für Gedanken und Gefühle, mit denen wir die Verbindung zum Schöpfer herstellen – vor allem auch zum Schöpfer in uns. Wenn die Gedanken in eine Richtung gehen und die Gefühle in eine andere, kommt nichts Kreatives dabei heraus. Andererseits müssen wir auch verstehen, dass das Brot und der Wein, die Nahrung also, der Körper des Christus Universalis ist. Es ist für mich vorstellbar, dass wir, wenn wir die Nahrung als Körper des Christus essen – die ganze sichtbare Welt ist der Körper des Christus – beim Prozess des Verdauens die göttliche belebende Kraft aus dieser Nahrung aufnehmen. Ich danke dem kosmischen Christus immer dafür und bitte, dass diese Kraft meine Zellen regeneriere, und ich glaube, dass ich auch eine Wirkung spüre. So ähnlich sagte das auch O. M. Aïvanhov. Auch der Kosmos ist, nach Teilhard de Chardin, ebenso Körper des Christus. Jesus hat als erster Mensch das vollkommene göttliche Bewusstsein (Christusbewusstsein) in die Menschheit gebracht und damit den Anfang gesetzt, die Menschheit zu „durchchristen". Christus will in der Materie erwachen. Der Christus

Universalis (nach Teilhard) ist das Ziel der Menschheit.

Wenn wir die Welt nur durch den Verstand wahrnehmen, fehlen uns Empathie und Weisheit, unser ganzheitliches Potenzial. Der Verstand symbolisiert nur das Männliche, die Intuition und das Gefühl das Weibliche. Eine Erfindung, eine Schöpfung, passiert immer an dem Punkt, an dem 2 Linien sich kreuzen, resp. 2 Pole sich treffen. Der männliche und der weibliche Pol gehören unabdingbar zusammen, darum sind Mann und Frau gleichwertig. Die Trennung von Gefühlen und Gedanken existiert nur in der materiellen Welt. Nahtoderfahrene erleben diese beiden Aspekte als Einheit. Das heißt, im Geist sind Gedanken und Gefühle eins. Bei Mann und Frau sind nur die Schwerpunkte unterschiedlich aufgeteilt. Aber die Entwicklung läuft ganz klar in Richtung Ganzheit. Der Mann entwickelt verstärkt seine Gefühle, seine Fürsorglichkeit und Intuition, die Frau entwickelt verstärkt den Verstand, die Selbstständigkeit, Aktivität und den Mut. Wahre Liebe braucht Begegnung auf Augenhöhe.

Es gibt verschiedene Methoden, die uns dazu helfen, den Weg zum inneren Schöpfer, zum Gott in uns zu finden: Meditation, Kontemplation, Yoga, Musik und auch durch die Physik können wir den Weg zum Schöpfer finden. Heisenberg wird die Aussage zugesprochen: *„Der erste Trunk aus dem Becher der Naturwissenschaft macht atheistisch, aber auf dem Grund des Bechers wartet Gott."* Ich finde das genial. Ich spreche jetzt von Gott, obwohl ich mir bewusst bin, dass ich nur seinen „Mantelsaum" etwas fasse, der Licht und Liebe ist. Ich erfasse nur den manifestierten Teil von ihm. Im universellen Nullpunktfeld kommen wir dem unmanifestierten Teil von Gott näher. Die ganze Größe des Schöpfers können wir auf der Erde nicht fassen. Aber wenn wir uns und die Natur erforschen, kommen wir ihm Stück für Stück näher.

Schuldgefühle und unsere Ängste, auch die damit verbundenen Gefühle und Gedanken des eigenen Minderwertes, sind die größten Barrieren, die uns in unserer Entwicklung im Wege stehen. Wir sind hier, um zu entdecken, zu kreieren und zu lernen, wir verstehen schlichtweg noch nicht alles. Fehler gehören zum Schaffens- und Lernprozesses und wir sollten uns daher weder eigene Schuldgefühle einreden, noch Schuldzuweisungen an andere Menschen richten. Es reicht völlig, aus unseren Fehlern zu lernen und sie möglichst nicht zu wiederholen. Um den Weg der Selbsterkenntnis kommen wir nicht herum, wenn wir unseren Schatten integrieren wollen. Das heißt auch, uns mit unserem Leben auszusöhnen. Wenn uns die Herausforderungen des Lebens übermannen, können wir vor dem Schlafengehen namentlich den Schutzengel und all unsere Helfer bitten, uns mit Inspirationen und Licht/Liebe zu helfen, während das Wachbewusstsein schläft. Dann kann es sein, dass wir am Morgen beim Erwachen plötzlich eine Idee haben und wieder zuversichtlich sind. Sie helfen uns auch, unseren Schatten zu integrieren. Schon C. G. Jung sagte, die Menschheit müsse ihren kollektiven Schatten bewältigen, sonst werde sie von ihm zerstört. Wir lernen immer noch durch Leiden, doch wenn der Christus ganz in uns erwacht ist, wird sich das ändern.

Jeder Mensch sucht bewusst oder unbewusst nach Liebe. Ein Mangel an Liebe in der Kindheit ist nicht nur schmerzhaft und führt oft zu Depressionen, er kann auch ein Anstoß sein, sich Fragen zu stellen und Antworten zu erhalten – und damit sein Bewusstsein zu erweitern. Fehlende Liebe und fehlendes Selbstvertrauen können sich wie folgt ausdrücken:

Eine Patientin war in einer depressiven Phase, in der sie sich völlig gelähmt fühlte. Zum einen kam sie beruflich an eine Grenze. Wurde sie für ihre Arbeit gelobt, sah sie immer nur das, was ihr noch Schwierigkeiten bereitete. Sie dachte, ihre Kolleginnen und Kollegen würden nicht sehen, was ihr schwerfalle und wo sie sich unsicher fühlte. Je mehr Lob sie bekam, desto mehr setzte sie sich unter Druck, weil sie in sich gewisse Mängel wahrnahm, die sie nicht annehmen konnte. Zum anderen verspürte sie Druck durch ihren immer hilfloser und kränker werdenden Vater, der keine fremde Hilfe annehmen wollte. Belastend für meine Patientin kam hinzu, dass ihr Vater sich nicht von dem Gedanken abbringen lassen wollte, von der eigenen Tochter bestohlen und hintergangen zu werden. Dieser Ausdruck seines Gedächtnisschwundes machte ein vertrauensvolles Miteinander zwischen Vater und Tochter unmöglich. Obgleich meine Patientin wusste, dass dieses Misstrauen ein Ausdruck des fortschreitenden Krankheitsstadiums des Vaters war, verletzte es sie dennoch tief. Auch ihr Bruder machte ihr Schuldgefühle. Die gesamte Situation lastete wie ein riesiger Felsbrocken auf der Patientin. Ich fragte sie, was sie fühle, wenn sie daran denke, ins Elternhaus zu gehen. Sie spüre nur Druck und Schuldgefühle, antwortete sie. Ihre zum Teil unbewussten Schuldgefühle, die bereits in ihrer Kindheit „programmiert" worden waren, kamen in Resonanz mit ihren Familienmitgliedern. Ein überzogener Leistungsanspruch war der verzweifelte Versuch, mit diesen Schuldgefühlen umzugehen, sie gewissermaßen zu *umgehen*. Dieses Thema kam meiner Patientin jetzt bei der Arbeit in die Quere. Sie fühlte sich überfordert, wie sie es als Kind tatsächlich war. Langfristig führt jedoch eine Strategie, die Minderwertigkeitsgefühle mit überhöhten Leistungsansprüchen entgegenwirken will, in den Kollaps. Das Dilemma ist vorprogrammiert: Versucht meine Patientin, auf sich zu achten, stellen sich Schuldgefühle ein, ist sie aktiv, überfordert sie sich selbst bis zum Zusammenbruch. Auch machte die Kränkung darüber, dass ihr Vater dachte, sie würde ihn hintergehen, ein Verzeihen unmöglich. Nach einigen Gesprächen konnte meine Patientin sich schließlich befreien, indem sie verstand, dass ihre Schuldgefühle nicht nötig waren und Menschen Fehler machen, weil sie es in diesem Augenblick nicht besser können. Wir machen Erfahrungen und können daraus lernen, doch vollkommen können und müssen wir nicht sein. Es ist so wichtig, zu akzeptieren, dass wir in einem dauernden Lernprozess stehen und den sogenannten Schatten, das Unbewusste, anschauen und annehmen müssen. Meine Patientin musste lernen, zu sich zu stehen, sie selbst sein zu dürfen und auch Nein sagen zu können, ohne sich schlecht zu fühlen. Sie machte sich völlig abhängig von außen, von dem, was die anderen von ihr wollten. Das von außen herangetragene Thema steht immer in Resonanz zum Inneren. Erst dadurch machen wir uns das Innere bewusst. Jesus vergab dem reuigen Verbrecher am Kreuz, weil der nicht wusste, was er tat. Uns selbst zu verstehen, uns anzunehmen, wie wir sind, Mitgefühl mit uns zu haben, ist unser Auftrag. Es gibt aber auch Menschen, die ihren Schatten noch gar nicht sehen können und die das Gefühl haben, sie seien die Besten – im Gegensatz zu vielen Depressiven, die glauben sie seien nichts.

Wahrscheinlich wären diese Menschen noch gar nicht in der Lage, sich mit ihrem Schatten auseinanderzusetzen. Ein Mensch, der sich mit einer Depression auseinandersetzt, ist für andere ein Lehrer. Er hat einen schwierigen aber überaus wichtigen Part übernommen. Depression und Freude sind die beiden Seiten derselben Medaille, die wie Tag und Nacht zusammengehören.

Kein Mensch hat das Recht, anderen Menschen seine Meinung und religiösen Vorschriften aufzuzwingen. Einzig das Gesetz der Liebe müssen wir lernen zu befolgen. Das ist es, was Nahtoderfahrene jeder Religion gleichermaßen erleben. Im religiösen Separatismus und Dogmatismus liegt keine Zukunft, sie führen letztlich nur zum Krieg. Wer meint, er dürfe im Namen Gottes Menschen umbringen, irrt gewaltig und muss die Konsequenzen daraus im Jenseits, und eventuell auch bereits im Diesseits, tragen. Was ich anderen antue, ist in meinem Seelenkörper gespeichert und kommt im Jenseits zum Ausdruck.

Gerade für die Jugend, die vielfach nicht mehr konfessionell gebunden ist, und nicht weiß, an was sie sich orientieren soll, wäre es sehr wichtig, etwas über Nahtoderfahrungen, das Universum und die neue Physik zu wissen. Dann können sie sich ihre Richtlinien selbst erarbeiten und erkennen, dass sie eingebunden sind in ein großes Ganzes. Vorurteilslos zu prüfen, was man hört und glaubt, ist ein wichtiger Schritt auf diesem Weg.

Gott ist für jeden Menschen gleich wichtig, wir sind ja ein Teil von ihm. Auch ein irregeleiteter Mensch ist nicht weniger wert und bedarf der liebevollen Unterstützung, nicht der Abwertung. Jeder ist ein Teil aus der gleichen Substanz und dem gleichen Geist des Schöpfers.

Manche Dinge tun wir nicht mehr, weil wir in früheren Jahrhunderten die Erfahrungen von Mord und Totschlag gemacht haben. Jeder Mensch muss sich durch Erfahrungen entwickeln können und er/sie selbst werden. Das ist keine einfache Aufgabe. Dafür braucht es Erziehung, Bildung und die Gewissheit, dass es einen liebenden Schöpfer gib, von dem wir ein Teil sind. Dankbarkeit und Vertrauen in die göttliche Liebeskraft in uns ist alles, was wir brauchen. Auch wenn wir es nicht glauben oder merken, wir sind immer mit dem universellen Nullpunktfeld und unserem wahren Selbst verbunden und Schöpfer unserer Realität.

Viele fragen sich immer wieder, warum lässt Gott dies oder das zu. Es ist manchmal nicht zu fassen, zu was Menschen fähig sind. Aber wenn wir nicht den freien Willen hätten, könnten wir all die Erfahrungen hier nicht machen. Wir sind keine Marionetten und lernen aus Erfahrungen. Himmel und Hölle erschaffen wir uns selbst, dies sind Bewusstseinszustände, durch die wir letztlich unsere Realität gestalten. Jeder wird immer wieder herausgefordert, sich zu entscheiden für Liebe oder Angst und Hass. Teilhard de Chardin sagte, es wäre beunruhigend, wenn das sogenannte Böse nicht existieren würde, denn dann hätten wir auch keine Freiheit. Wir würden uns immer als Handelnde, Täter und als Erleidende erleben. Das Böse sei das Nebenprodukt der Evolution, der Wachstumsschmerz.

Mit der Zeit lernen wir zu leben, ohne zu bewerten. Alles ist Erfahrung. Sie fordert uns heraus, zu entscheiden, was wir wollen. Andererseits geschehen die kollektiven Traumatisierungen, weil noch zu wenig Menschen erwacht sind und sich entschlossen haben, ihre Frequenzen zu erhöhen, also mehr Licht auszustrahlen. Das würde den Gesamtlevel heben und viele Menschen mitziehen. Wichtig ist jedoch, nicht zu urteilen, sondern unser Licht erstrahlen zu lassen.

Lynne McTaggart beschreibt in ihrem Buch *Die Kraft der Acht*, wie eine Gruppe von acht Menschen mit ihren positiven Intentionen heilen kann, weil sie sich zusammentun. Sie hat viele wissenschaftliche Experimente gemacht, die eine signifikante Wirkung zeigten, sowohl für die Zielperson, der die heilenden Intentionen galten als auch für die Beteiligten der Gruppe, die positive Intentionen aussandten. 10 Minuten am Tag während mindestens einer Woche, immer zur selben Zeit. Das heißt, alle sagen die gleichen Sätze mit derselben herzlichen Intention. Bspw.: „Daniels Hand ist wieder ganz gesund." Die Hand heilte sehr schnell, zum großen Erstaunen der Ärzte, die eine andere Prognose stellten. Die Person wird dazu als gesund und glücklich visualisiert. Manchmal werden auch Monats- bzw. Jahresintentionen fokussiert oder Friedensintentionen für bestimmte Krisengebiete.

Wenn wir auf dieses Weise selbstlose Liebe leben, können wir alle etwas zu einer besseren Welt beitragen.

Das Leben ist ein schöpferisches Spiel. Wir spielen eine Art „Blinde Kuh", weil wir nicht mehr wissen, wer wir sind, bis wir das Spiel durchschaut haben, und uns von den Dramen lösen können. Wir haben die ganze Wahrheit über uns versteckt, um unser wahres Selbst in der Welt der dichten Materie wiederzufinden. Ich kann das nur schreiben, weil ich weiß, wer ich bin. Jeder Mensch ist in Wahrheit pure Lichtliebe mit seinem einzigartigen Ich-Bin.

Bildung

Wir Menschen müssen wissen, was wir wirklich wollen, was Priorität hat. Ebenso ist es wichtig, endlich auf einer politischen Ebene zu realisieren, dass jedes Land seinen ureigensten Teil, seine Fähigkeiten, zum Ganzen beitragen kann. Länder lassen sich mit den Organen unseres Körpers vergleichen, der nur funktioniert, wenn alle zusammenarbeiten. Hierbei geht es nicht um Gleichmacherei, im Gegenteil, jedes Land braucht seine eigene Identität. Um das zu erfassen und umzusetzen, ist Bildung sehr wichtig. Wir können ja Entscheidungen nur vor dem Hintergrund unseres Wissens und unserer Erfahrungen treffen. Bildung macht das Leben interessant, ermöglicht Tätigkeiten, die wir lieben und fördert die Kreativität. Der Mensch arbeitet lieber, wenn er Ideen einbringen kann. Schon der österreichische Schriftsteller Peter Rosegger sagte: *„Ein Talent hat jeder Mensch, nur gehört zumeist das Licht der Bildung dazu, um es aufzufinden."*

Bildung bedeutet nicht Verschulung oder dauernde Bewertung, die den Kindern das Selbstvertrauen, die Freude und die Neugierde nimmt. Leider wird aber genau diese Vorstellung von Bildung noch an vielen unserer Schulen praktiziert. Kinder brauchen Lehrer, die sie auf ihrem Weg unterstützen und nicht überfordern.

In diesem Zusammenhang müssen wir uns auch fragen, ob wir unseren Lehrern nicht zu viel Verantwortung aufbürden, die sie überfordert. 34 % der Lehrer seien Burnout-gefährdet, heißt es. Dabei geht es nicht nur um den Unterricht selbst. Elternarbeit und Dokumentationspflicht überfordern und demotivieren zusätzlich. Lehrer müssten mehr Freiheiten haben, um aus der Intuition heraus zu entscheiden. Freiheit und Vertrauen sind wichtig in sozialen Berufen und ganz besonders im Lehrerberuf. Junge Menschen werden vor allem durch die Haltung ihres Gegenübers geprägt. Kinder müssten erfahren, dass sie Lichtliebe sind. Sie müssen erfahren, dass Fehler schlicht passieren und es nur darum geht, aus ihnen zu lernen.

John Hattie ist ein neuseeländischer Pädagoge und Bildungswissenschaftler. Er sagt, dass kleine Klassen und offener Unterricht weniger entscheidend für den schulischen Erfolg sind, als die Beziehung zwischen Lehrerin/Lehrer und

Schülerin/Schüler. Seine Studien und Metaanalysen bestätigen dies. Warum erscheint das so überraschend? Eigentlich ist es doch das, was uns der gesunde Menschenverstand und die Erfahrung schon immer gesagt haben. Unsere Zuwendung, die aus dem Herzen kommt, ist immer das Wichtigste. Das gilt für jede Art von Beziehung, auch bspw. für die zwischen Arzt und Patient. Das Herz ist nicht zufällig in der Mitte unseres Körpers, es ist das Zentrum. Die Nahtoderfahrenen sehen immer, dass Motivation aus Liebe die wichtigste ist. Es ist auch verständlich, dass Kinder häufig aus Liebe zum Lehrer lernen, weil sie noch zu wenig verstehen, dass es auch für sie gut ist. Kinder haben viel Liebe in sich. Ich kann nicht genug betonten, wie wichtige es für Kinder ist, ein gutes Selbstwertgefühl zu entwickeln. Darum müssten sie in der Ethik in der Schule schon lernen, dass jeder Mensch gleich wertvoll ist und aus der gleichen Substanz und dem gleichen Geist besteht, nur die „Verpackung" ist unterschiedlich. So gibt es keinen Grund für Minderwert, aus dem so viel Unheil entsteht. Wenn jeder sich selbst liebt, kann er auch andere lieben.

Nach Hattie helfen auch: Lehrerfeedback, problemlösender Unterricht, hochspezifische Lehrerfortbildungen etc.

Sehr wichtig finde ich auch die Musikerziehung. Man müsste die Kinder lehren, klassische Musik zu hören und innerlich mitzusingen. Das hat eine heilende und harmonisierende Wirkung. Ein bekannter Sänger Bach'scher Musik hat mir einmal erzählt, eine Frau hätte ihm von einer heilenden Wirkung berichtet, die eine CD mit seinem Gesang auf sie ausübte. Singen ist sehr harmonisierend und kann zudem große Freude bereiten.

Ich möchte hier auch das duale Bildungssystem in der Schweiz lobend erwähnen. Neben der akademischen Ausbildung wird hier eine Berufsausbildung angeboten, durch die viele wichtige handwerkliche, praktische und weitere fachspezifische Fertigkeiten erworben werden können. Da viele Kinder in der Pubertät schulmüde sind und lieber arbeiten und Geld verdienen wollen, wird ihnen das im dualen System ermöglicht. Nach einer Lehre hat man in der Schweiz auch die Möglichkeit, eine technische

Hochschule zu besuchen oder die Matura auf dem zweiten Bildungsweg zu erlangen. Gerade wenn man eine Berufsausbildung absolviert hat, bringt man schon einiges an Erfahrung in ein Studium mit und kennt das Arbeitsleben.

Mit dem Erwachsenwerden kommt manchmal der Ehrgeiz, mehr zu wissen oder zu können, weil man besser weiß, um was es geht. Besonders für all jene Menschen, die sich erst spät für Bildung entscheiden, bietet die Schweiz wirklich alle Möglichkeiten. Auch ich habe die Matura auf dem zweiten Bildungsweg absolviert und war sehr froh über diese Möglichkeit.

Wissenschaft und Forschung

Der Forschung sollte nur die Ethik Grenzen setzen, die Ehrfurcht vor dem Leben und das Wohl für alle. Das Klonen von menschlichen und tierischen Zellen bspw. geht meines Erachtens zu weit. Ersatzteile für unsere Körpermaschine herzustellen, ist eine Folge einer zutiefst materialistischen Einstellung. Die Medizin sollte sich in Richtung einer Informationsmedizin entwickeln, die darauf ausgerichtet ist, Störungen in den Energiefeldern zu heilen. In einer tierischen Zelle sind andere Erfahrungen gespeichert als in einer menschlichen. Diese Erfahrungen beeinflussen unbewusst die menschlichen Zellen und damit den gesamten menschlichen Körper. Da hier ein Austausch über die magnetischen- und Biophotonen-Skalarwellen stattfindet, befürchte ich Rückschritte in der menschlichen Entwicklung. Genau genommen wissen wir gar nicht genau, was wir da machen. Wir sehen nur die Oberfläche und können den großen Zusammenhang und damit die Konsequenzen schlicht nicht überblicken. Wir müssen wissen, welches Bewusstsein wir wollen, auch ein Tier hat Bewusstsein. Jede weniger komplexe Daseinsstufe nährt die komplexere. Der Stein nährt die Pflanze, die Pflanze das Tier, und wir nähren die Dämonen oder die Engel (nach Aïvanhov). Durch das Essen von Fleisch integrieren wir Atome der Tiere in unseren Körper. Wir könnten gut leben mit weniger Fleisch. Dennoch ist es nicht notwendig, das Essen von Fleisch abzulehnen. Es ist, wie alles, eine Frage des Maßes und des Umgangs mit dem Leben. Hier kommt dann bspw. das Thema Tierhaltung ins Spiel. Auch eine Ernährung auf der Basis von Insekten, die jetzt hier und da propagiert wird, finde ich sehr fragwürdig. Wir wissen ja gar nicht, wie sich das langfristig auswirkt.

Ein weiteres wichtiges Thema ist die Suche nach besseren Alternativen für die Energiegewinnung. Das hätte meines Erachtens nach eine große Priorität. Im All existiert unermesslich viel Energie. Prof. Meyl spricht von Neutrino-Power. Neutrinos schwirren massenhaft durchs Universum, möglicherweise können sie zur Energiegewinnung genutzt werden. Der junge Max Loughan gewinnt Energie aus Radiowellen (das war nur mal ein erstes Experiment) und will der

Menschheit helfen, eine Zukunft mit sauberer, kostengünstiger Energie zu ermöglichen. Ich setze auf diese Jugend, die ein neues Bewusstsein mitbringt und uns lehrt.

Warum gibt es kaum Projekte zur Erforschung von sauberer Energie (Neutrino-Power) an den Universitäten? Die Forschung ist zu stark von global agierenden Unternehmen und der Finanzindustrie abhängig. Sie sucht nicht frei nach der Wahrheit, sondern verwirklicht vor allem technische Projekte, die dem Zwang der Monetarisierung unterliegen und letztlich weniger zum Allgemeinwohl beitragen, als zur Akkumulation von Geld in den Händen weniger Menschen.

Wissenschaftler, die frei und unabhängig von einer wirtschaftlichen Verwertbarkeit forschen, werden immer wieder ausgegrenzt. Dabei fallen gerade darunter Forschungsgebiete, die mehr Wissen über den Menschen generieren, das ihm helfen würde, sich seelisch-geistig zu entwickeln, den Stress abzubauen und dadurch mehr Wohlbefinden, Frieden und Kreativität ermöglichen. Dazu gehören z.B. die Erforschung von Nahtoderfahrungen und damit des

Bewusstseins, das luzide Träumen, die Erforschung der Energiekörper des Menschen und neue Energiequellen, wie Neutrino-Power. Auch die Erforschung der Skalarwellen in der Medizin wäre äußerst dringend, weil das Gesundheitswesen fast nicht mehr bezahlbar ist und diese Forschung erfolgversprechend erscheint. Die Mainstream-Physik ist und wäre auch für die Zukunft sehr wichtig für die Menschheit. Doch die materialistische Philosophie, die heute immer noch treibende Kraft hinter den Naturwissenschaften ist und sich zu allem Überfluss auch noch als „Aufklärung" versteht, sollte hinterfragt werden. Wir leben in der Zeit der Aufklärung der Aufklärung.

Auch in Bezug auf 5G sind die Skalarwellen sehr wichtig. Zu 5G äussert sich Prof. Meyl in einem Artikel, den er mir schickte, folgendermaßen: *„Im Nahfeld einer Antenne gibt es die Wellen gar nicht, für die das Bundesamt für Strahlenschutz ‚Grenzwerte' oder ‚SAR-Werte' festlegt. Da erst ausserhalb des Nahfeldes einer Antenne Transversalwellen auftreten, muss man sich bei der technischen Zulassung der Handys gemäß DIN-Norm mit Messungen im Abstand von 1, 3 und 10 m behelfen. Aber halten Menschen nicht das Handy* *direkt an den Kopf? Im Nahfeld von Antennen befinden sich Skalarwellen. Technisch gesehen handelt es sich um ‚Rauschen', ein Gemisch aus verschiedenen Wellenlängen und Frequenzen.*

Nun weiß jeder Hochfrequenztechniker, dass er im Nahfeld nichts messen kann, aber nicht etwa, weil dort nichts wäre, sondern weil man das, was da ist, (noch) nicht messen kann. Deshalb kann man für das, was man nicht messen kann, auch keine Grenzwerte festlegen. Aber man behilft sich damit, dass man so tut, als ob im Nahfeld, wo man nichts messen kann, etwas gemessen hätte, um mit diesem Trick die Grenzwerte auch im Nahfeld für gültig zu erklären. Dieser Umstand ist dem Bundesamt für Strahlenschutz und der Mobilfunkindustrie bestens bekannt. Die Grenzwerte-Diskussion dient demzufolge der Irreführung der Öffentlichkeit – bisher durchaus mit großem Erfolg.

So viel wissen wir aber: Bei Skalarwellen handelt es sich um eine biologisch wirksame und zugleich energiereiche Strahlung."

Zwei weitere Relikte der Wirtschaft haben sich in die Bildung geschlichen: Vergleichbarkeit und

Konkurrenzdruck. Ich finde es bspw. problematisch, dass es mittlerweile Rankings unter den Universitäten gibt. Die Kriterien dafür sind zu einseitig, erzeugen zu viel Druck und behindern ein freies Forschen. „Publish or perish!" – „Publiziere oder gehe unter!" heißt es. Gefälschte Forschungsresultate, weil der Druck, in kürzester Zeit Ergebnisse zu liefern, immens hoch ist und der Umstand, dass Wissenschaftler für das Veröffentlichen ihrer Arbeiten selbst bezahlen müssen, sind nur zwei der Blüten, die dieses auf Verwertbarkeit und Rentabilität getrimmte Bildungssystem hervorbringt. Dennoch wird es, davon bin ich überzeugt, immer mehr junge Menschen geben, die unabhängig von Universität und Industrie eigenständig zum Wohl der Menschheit forschen.

Durch die Digitalisierung und die damit einhergehende Ersetzung des Menschen durch Maschinen in vielen Teilen der Arbeitswelt, gibt es immer weniger sichere, lebenslange Anstellungen. Von Arbeitnehmern wird heute bereits eine große Flexibilität verlangt – und die Ansprüche an sie wachsen. Kompetenz und selbstständiges

Entscheiden werden in Zukunft wichtiger werden, als das gehorsame Ausführen von Arbeitsaufträgen. Um diesen Anforderungen gerecht zu werden, sind Selbsterkenntnis und psychologisches Wissen gefragt. Es heißt, wir hätten zu viele Akademiker, doch lässt sich kaum in Abrede stellen, dass die Ausbildung immer wichtiger wird, auch wenn Akademiker häufig nicht mehr an ihren angestammten Arbeitsplätzen arbeiten können. Doch müssen wir aufpassen, dass wir uns nicht zu Sklaven der Digitalisierung machen lassen und dass die Technisierung und damit verbunden die künstliche Intelligenz nicht einfach über unsere Köpfe hinwegrennt. Viele Menschen haben Angst vor der Zukunft, daher kursieren Geschichten wie folgendes Gespräch in den sozialen Medien:

(Kunde: K, Pizza-Service: PS)
K: „Hallo, ist da Roccos Pizza-Service?"
PS: „Nein, hier ist Googles Pizza-Service."
K: „Sorry, dann hab ich wohl die falsche Nummer ...?"
S: „Nein, Google hat die Nummer gekauft."
K: „Ok, dann möchte ich gerne ..."

PS: „Wollen Sie das Übliche?"

K: „Das Übliche, wieso kennen Sie das?"

PS: „Gemäß den Aufzeichnungen der letzten zwölf Anrufe haben Sie Pizza mit Käse, Schinken und Salami bestellt."

K: „OK, das will ich jetzt auch."

PS: „Dürfte ich vorschlagen, dass Sie dieses Mal eine Pizza mit Ricotta, Rucola und getrockneten Tomaten bestellen?"

K: „Nein, ich hasse Gemüse."

PS: „Aber Ihr Cholesterinwert ist nicht gut."

K: „Wie können Sie das wissen?"

PS: „Aus Ihrem Gesundheitsprofil. Wir haben die Resultate der Blutwerte der letzten 7 Jahre."

K: „Okay, aber ich will nicht diese Pizza, ich habe meine Medizin schon genommen."

PS: „Sie haben Ihre Medizin nicht regelmäßig genommen. Vor 4 Monaten haben Sie online eine Schachtel mit 30 Tabletten in der Versand-Apotheke Sunstore gekauft. Die müsste längst leer sein."

K: „Ich habe noch in einer andern Apotheke gekauft."

PS: „Das ist aber nicht auf Ihrer Kreditkarte abgebucht."
K: „Ich habe bar bezahlt."
PS: „Gemäß Ihrem Bankkonto haben Sie dafür nicht genügend Bargeld bezogen."
K: „Ich habe noch andere Geldquellen."
PS: „Das ist aus der letzten Steuererklärung nicht ersichtlich, also handelt es sich nicht um deklariertes Einkommen."
K: „Zum Teufel mit Ihnen! Genug! Ich habe die Nase voll von Google, Facebook, Twitter, WhatsApp und Konsorten. Ich werde auf eine Insel gehen ohne Internet, ohne Telefon und wo mich keiner ausspionieren kann."
PS: „Ich verstehe Sie, aber vorher müssen Sie Ihren Pass erneuern. Er ist vor 5 Jahren abgelaufen ..."

Leider ist es gar nicht so grotesk, wie es tönt. Da wird überall viel mehr von unseren Daten gespeichert, als wir uns vorstellen können.

Dies als ein kleiner humoresker Ausflug ins alltägliche Leben, aber auch in die Sorgen, die sich das Volk in Bezug auf Big Data macht.

In der Wissenschaft gibt es noch keine klaren Definitionen dessen, was künstliche Intelligenz genau ist, sagen Fachleute (es geht um Algorithmen, das sind eindeutige Handlungsvorschriften, die schrittweise zur Lösung eines Problems ausgeführt werden). Das verwundert kaum, da auch die menschliche Intelligenz noch nicht klar definiert ist. Was ist das Prinzip der menschlichen Intelligenz? Als Nächstes möchten die Wissenschaftler den sogenannten Brain-Code knacken, einen einheitlichen Code, auf dem alle neuronalen Strukturen basieren, nicht nur die des menschlichen Gehirns.[68] Der Schweizer Neurowissenschaftler Pascal Kaufmann, Gründer des Unternehmens Starmind, das selbstlernende Know-how-Netzwerke auf der Basis von Künstlicher Intelligenz entwickelt, glaubt, dass der Brain-Code in ein paar Jahren geknackt sein wird. Vielleicht werden dann die Erkenntnisse von Charon, Haramein, Meyl, Popp, Pribram und Schempp bestätigt.

Wie bereiten wir unsere Kinder auf eine Zukunft vor, in der fast nichts mehr so sein wird, wie wir es heute noch kennen? Niemand weiß, wie die Zukunft in 20 oder 30 Jahren aussehen wird. Wie wollen wir Maschinen, die selbstständig denken und handeln unter Kontrolle halten? Wollen wir von humanoiden Robotern in Hotels begrüßt werden? Nein danke, sagen Gäste in asiatischen Hotels. Sie spüren intuitiv, dass man durch solche Roboter manipuliert wird. Wollen wir Kriegsroboter? Wollen wir selbstfahrende Autos? Am 21.02.19 ist in 20min.ch zu lesen: *„Fachleute alarmiert, Hacker-Risiko bei Autos so hoch wie nie"*.[69] Das alles ist schon da – und die meisten von uns wurden nicht gefragt, ob wir mit dieser Entwicklung einverstanden sind. Viele Berufe werden in den kommenden Jahren durch KI übernommen: Chirurgen, Radiologen und Hämatologen, aber auch Verkaufspersonal und andere Dienstleistungserbringer. Einige Berufe werden gänzlich verschwinden. Im Artikel *Could artificial intelligence make doctors obsolet?* der Schweizerischen Ärztezeitung wurde das diskutiert.[70] Von den drei Autoren Jörg Goldhahn, Vanessa Rampton und Giatgen A. Spinas war nur der erstgenannte davon überzeugt, dass KI die für die Behandlung so wichtige Arzt-Patient-Beziehung ersetzen könne. Die andern beiden verneinten das.

Ich bin überzeugt, dass KI das nie können wird. KI kann keine echte Empathie zeigen, das nimmt einem Roboter niemand ab, das ist Manipulation. Einer Maschine ist es gleichgültig, wie es einem Patienten geht. Ich hoffe und glaube, dass sich die Ärzte gegen diese Entmenschlichung der Medizin wehren werden.

Hier stellt sich auch die Frage nach dem, was unser Leben mit Sinn erfüllt. Was ist für uns wichtig im Leben? Für was sind wir noch da, wenn wir alle Arbeit den Maschinen überlassen wollen. Was macht unser Leben spannend und lebenswert? Viele Menschen definieren sich über ihre Arbeit. Was wünschen wir uns für unsere Zukunft? Sollten nicht vor allem jene Menschen, die es betrifft, miteinbezogen und danach gefragt werden, wie ein besseres Leben aussehen könnte, bevor Milliarden in Projekte investiert werden, die am Ende unser Leben vielleicht nur ärmer machen und die DECT-Firmen immer reicher (DECT = Digital Enhanced Cordless Telecommunications)? Doch Regierungen und globale Unternehmen arbeiten über unsere Köpfe hinweg an ihren eigenen Zielen.

Die Digitalisierung beschleunigt alles. Leider scheint es, als könnten die geistigen Anteile mit diesem

Tempo nicht mithalten. Dieses Ungleichgewicht ist gefährlich, wenn wir nicht die menschliche Reife haben, die KI zum Wohle der Menschheit einzusetzen.

Letztlich stellt sich immer wieder die Frage, was wir Menschen wollen – auch im Zusammenhang mit einer künstlichen Intelligenz. Ethik und die Reflexion über ein neues Menschenbild müssen einen entscheidenden Platz im gesellschaftlichen Diskurs einnehmen. Ebenso wie Kreativität und eigenes Denken in den Schulen gefördert werden sollten. Wenn wir das newtonsche Weltbild überwunden, also den Paradigmenwechsel vollzogen haben, wissen wir, welche Prioritäten zu setzen sind.

Was erfreut unser Herz? Die menschliche Wärme, das Geben und Nehmen, füreinander da zu sein. Das Herz gehört ins Zentrum und die emotionale Intelligenz müsste die Führung übernehmen. Schön wäre es sicher für alle, wenn sie weniger Druck und Stress am Arbeitsplatz hätten. Materialismus, Konkurrenz und Gottlosigkeit sind keine tauglichen Führungsideologien. Wir können nur gemeinsam in die Zukunft gehen oder gar nicht.

Politik

Wir haben in der Schweiz das Glück, in einer Demokratie zu leben, in der nicht nur Millionäre oder Milliardäre die politischen Geschicke lenken. Dem Geld wird zwar auch bei uns ein zu hoher Stellenwert beigemessen – aber noch wird nicht gänzlich alles von ihm dominiert. Bei uns können auch kompetente Bürger zu Bundesräten werden, ohne Millionen besitzen zu müssen. Was sich allerdings in den vergangenen Jahren zum Negativen verändert hat, ist die Qualität der Kommunikation. Die gegenseitigen Herabsetzungen schaffen kein Vertrauen, weder bei den beteiligten Politikern, noch im Volk. Gegenseitiger Respekt muss eine Selbstverständlichkeit und eine Verpflichtung sein. Gerade hier hätte eine Regierung doch eine gewisse Vorbildfunktion.

Wenn sich die Lohnschere immer weiter öffnet, führt das zu sozialem Unfrieden. Hier müsste man die Hintergründe und Ursachen klar erforschen und auch bereits existierende Studien ernst nehmen. Die Arbeitslosigkeit der über 50-jährigen ist ein Skandal, vor allem, wenn sie dann in unterbezahlte

Stellen vermittelt werden, die sie direkt in die Altersarmut treiben, während die Arbeitgeber an ihnen verdienen. Die Krawalle vom 07. Juli 2017 in Hamburg im Zusammenhang mit dem G20-Gipfel geben in diesem Zusammenhang sehr zu denken. Wir ernten, was wir sähen. Ein Volk, in dem Liebe und Respekt herrschen, ist gesund. Wenn in einem Volk Hass, Intoleranz und Konkurrenz, anstelle von Zusammenarbeit dominieren und viele den gerechtfertigten Eindruck haben, sie kämen zu kurz, verelendet es. Politiker tragen eine sehr große Verantwortung, daher wäre es für sie sehr wichtig, zu wissen, dass sie sich und den Menschen, die sie vertreten, großen Schaden zufügen, wenn sie ihre Macht aus Eigennützigkeit missbrauchen. Zugleich muss auch das Volk einen Teil zum Ganzen beitragen, indem es die Regierung unterstützt und sich bewusst ist, dass Entscheidungen nicht immer einfach sind. Kritik sollte daher aufbauend und auf dem Boden einer gewissen Großzügigkeit formuliert werden.

Unser Planet, Mutter Erde

Die Erde ist ein wunderschöner Planet. Sie ist unsere mater materiae, ein lebender, intelligenter Organismus. Sie ist unsere Ernährerin, mit der wir oft respektlos umgehen. Wir sind nicht getrennt vom planetarischen Ökosystem, viel mehr sind wir mit allen Lebensbereichen verbunden. Die Pflanzen produzieren aus CO^2 und Wasser mit Hilfe der Sonne Glukose und Sauerstoff, was uns das Leben auf diesem Planeten ermöglicht. Wir nennen dieses Wunder des Lebens Photosynthese. Ich glaube, viele Menschen vergessen das. Sonne und Erde tragen das gleiche Leben in sich, wie wir.

Pflanzen und Bäume sind durch ihre Wurzeln miteinander verbunden und sorgen für einen Austausch von Informationen und Nährstoffen. Die Wissenschaft spricht inzwischen von einem „Wood-Wide-Web", also auch hier ein Internet. Ausserdem leben die Wurzeln mit einem bestimmten Pilz in Symbiose. Wenn Schädlinge die Bäume angreifen, bilden die Blätter einen Duftstoff, der Vögel anzieht, die die Schädlinge dann fressen. Andererseits bilden sie auch Toxine, damit die Blätter nicht mehr bekömmlich sind. Die

Duftstoffe können weiter entfernt stehende Bäume auch warnen. Bäume sind soziale Wesen, sie geben bspw. an kranke Nachbarbäumen über ihre Wurzeln Nahrung weiter. Sie bilden ein Ökosystem, das Hitze- und Kälteextreme abfedert, eine Menge Wasser speichert und sehr feuchte Luft erzeugt. Jeder Baum ist wertvoll für die Gemeinschaft und verdient es, so lange wie möglich erhalten zu werden.

Cleve Backster hat schon in den 60er Jahren festegestellt, dass Pflanzen „Gefühle" haben, in dem er sie mit einem Lügendetektor verband und Feuer in die Nähe der Blätter brachte. Der Detektor schlug heftig aus. Überraschenderweise schlug er auch dann bereits aus, wenn die Person, die zuvor den Versuch durchgeführt hatte, lediglich das Zimmer betrat.

Pflanzen können sich am besten selbst an ihre Umwelt anpassen. Unabhängige Forscher werden immer skeptischer gegenüber der Genmanipulation. Wir haben den Respekt vor der Pflanzenwelt verloren. Indigene Völker kommunizierten mit den Pflanzen, sie fragten sie z. B., ob sie bestimmte Heilkräuter sammeln dürften.[71]

Der Preis für den technologischen Fortschritt liegt in der Belastung unseres Ökosystems mit giftigen Chemikalien und Stoffen, die es früher in unserer Biosphäre nie gegeben hat. Bspw. hat der Mobilfunk Auswirkungen auf die Biologie, was mit dem Bienensterben in Verbindung gebracht wird. Unsere Steuerung oder Nicht-Steuerung der technologischen Entwicklung wird bestimmen, wie die Zukunft auf unserem Planeten aussieht. Doch das Tempo dieser Entwicklung überfordert uns. Die Menschheit bräuchte einen unabhängigen Expertenrat, einen erweiterten Club of Rom, der sich Gehör verschafft und der sich zum Wohle der Menschheit und des Planeten einsetzt, damit wir die Herausforderungen, die diese rasante technologische Entwicklung mit sich bringt, meistern können.

Wir tragen Verantwortung für unseren Planeten, daher ist die Flucht auf andere Planeten für den Fall, dass wir die Erde eines Tages zugrunde gerichtet haben, keine Lösung. Das heißt jedoch nicht, dass wir uns nicht auch der Erforschung anderer Planeten widmen sollen.

Die Erde könnte alle Menschen ernähren. Das ist eine Grundpriorität. Weniger Fleisch, mehr eiweißhaltiges Gemüse und viel Früchte würden der Erde und den Menschen guttun. Bei genmanipulierten Pflanzen bringt man das perfekte Energiefeld der Pflanze aus der Balance, energetische Eigenschaften und Nährwert gehen verloren. Genmanipulation ist unberechenbar und hat nicht zu Erfolgen geführt, berichtet der WWF. Laut Studien resultierten daraus weder bessere Erträge noch mehr Resistenz. Die moderne Pflanzenzüchtung, die auf Genmanipulation verzichtet, hat laut WWF Erfolg. In den USA und Argentinien gibt es Superunkräuter durch genmanipulierte Pflanzen, die nur durch den Einsatz großer Mengen von Herbiziden zurückgedrängt werden können. Biologische Schädlingsbekämpfung hat in vielen Ländern Erfolg und müsste staatlich gefördert werden.

Auch die Wirtschaftswissenschaften müssten ihre Prioritäten überdenken, hinsichtlich der Ausbeutung der Erde und einer Schonung der Umwelt. Weil Wirtschaftswachstum oberste Priorität hat, werden Dinge produziert, die wir nicht brauchen. Die Werbung manipuliert uns in eine Richtung, die uns in eine immer stärker werdende Konsumabhängigkeit bringt, die für unser und der Erde Wohlergehen nicht förderlich ist. Was ist es, das uns so sehr am Wachstum hängen lässt, so dass wir seine Konsequenzen nicht mehr sehen wollen? Arbeitende, die nicht das vorgeschriebene Wachstum erreichen, werden entlassen. Das ist Schindluderei. Es bräuchte wache und weitblickende Wirtschaftswissenschaftler, die ein Wirtschafts- und Finanzsystem entwickeln, das der Erde nicht schadet und nicht ausschließlich dem Profit einiger weniger dient. Auch die Kinder der Reichen möchten ja weiter auf der Erde leben. Reichtum ist nicht zu verachten, wir dürften ihn haben. Es kommt allerdings darauf an, wie wir ihn erwerben, ob er nur auf Kosten anderer oder des Planeten akkumuliert wird. Der wahre Reichtum liegt im ganzheitlichen Denken und Gefühlen aus kohärentem Licht, das heißt: Frieden, Wertschätzung, Dankbarkeit, Liebe und Freude.

Gesundheitswesen

"Je künstlicher unser Leben, desto kürzer die Lebensspanne."
(Christoph Wilhelm Hufeland, Thüringer Arzt)

Die künstliche Intelligenz fasziniert viele Menschen. Das ist auch verständlich, stehen wir doch vor der Verheißung, dass ein vom Menschen geschaffenes Objekt eine Art Eigenleben entwickeln soll. Die Gefahr ist aber, dass uns die Kontrolle über sie entgleitet. Es scheint, als würde die psychosoziale mit dieser technischen Entwicklung des Menschen nicht mithalten. Bevor wir künstliche Intelligenz weiterentwickeln, wäre die Definition eines differenzierteren Menschenbildes notwendig. Der Mensch ist keine Maschine, er ist ein biopsychosoziales und spirituelles Wesen. Die Frage wäre wohl: Was braucht dieses Wesen und was wollen wir als Menschheit? Trägt KI dazu bei, dass wir glücklicher werden?

70 % der Krankheiten sind psychosomatischer Natur. Das bedeutet, dass ein Arzt die richtigen Fragen stellen können muss, wenn er hier

erfolgreich behandeln will. Dazu ist es hilfreich, wenn er den Patienten kennt. Mittlerweile ist bekannt, wie sehr eine vertrauensvolle und gute Beziehung zwischen Arzt und Patient zur Heilung beiträgt. Doch hier sollte die Forschung nicht stehenbleiben.

Diese wichtige Arzt-Patient-Beziehung wird von einer Zukunftsforscherin als romantische Sehnsucht bezeichnet, obwohl sie allein schon einen großen Placeboeffekt hat und wesentliches zur Gesundung beiträgt. Junge Assistenten fliehen z. T. schon aus den Kliniken, weil sie vor lauter technischen Untersuchungen und Behandlungen sowie einer überhandnehmenden Bürokratie keine Zeit mehr für die Patienten haben. Das steht sehr im Widerspruch zur Aussage, die Technik würde uns mehr Zeit für die Patienten lassen. Dieses Mehr an Zeit hat es nirgends gegeben.

Der oben genannte Placeboeffekt wird von den Ärzten noch viel zu wenig effektiv angewendet. Für eine Studie, die in Houston durchgeführt wurde, ist die eine Hälfte der Teilnehmer wegen Arthritis am Knie operiert worden, während die andere Hälfte nur scheinoperiert wurde. Beide Gruppen, also auch die scheinoperierte, war danach über 3 Jahre kontrolliert schmerzfrei. [72] Der Placeboeffekt wirkt über das Energiefeld. Wenn wir an Gesundheit glauben, wird die Energie unserer Gedanken das Energiefeld von Störungen befreien. Mit der Anwendung des Placeboeffekts könnte ein Drittel der Gesundheitskosten eingespart werden. [73] Darüber hinaus wurde festgestellt, dass mentales Muskeltraining den Muskel ebenso aufbaut, wie physisches Training. Der Körper kann zwischen Handlungen und Gedanken nicht unterscheiden. Die Zukunft der Medizin liegt im Befreien von Störungen in den Energiefeldern. Auch Mitgefühl hat eine positive Wirkung auf unser Energiefeld. Schon Einstein sagte, dass es nur das Feld gäbe.

Keine Maschine kann die liebende Zuwendung eines anderen Menschen ersetzen. Auch kostengünstiger wird das Gesundheitswesen durch den Einsatz von künstlicher Intelligenz nicht. Die muss gewartet, entwickelt, verstanden und mit immer aktuelleren Daten gefüttert werden. Das Gesundheitspersonal muss noch intensivere IT-Ausbildungen machen. Kostensparender würde das Gesundheitssystem jedoch durch den Einsatz von sanfter Medizin und durch mehr Verständnis für die Psyche.

Der Partner eines Menschen ist der Mensch. Wir haben gesehen, dass die Psyche nach dem Prinzip der Resonanz und Nichtlokalität funktioniert. Menschen, die uns anziehen, spiegeln unsere unbewussten und bewussten Inhalte. Computer und Maschinen besitzen diese Spiegelneuronen nicht. Menschen brauchen Menschen, um sich zu erkennen. Der Mensch braucht Menschen, um sich zu spiegeln und sich dadurch zu entwickeln – und er braucht Liebe und Empathie.

Roboter als Partner wären in diesem Zusammenhang eine Katastrophe und antievolutionär. Ihr großflächiger Einsatz hätte eine Entmenschlichung zur Folge und würde völlig am Sinn des Lebens und der Beziehungen vorbei gehen. Es wäre eine inkohärente Beziehung im wahrsten Sinne des Wortes. Das Wesentliche in den Beziehungen ist die Kraft der Liebe. Es ist bekannt, dass ein Kind, das ohne Menschen isoliert aufwächst (Wolfskinder), sich nicht entwickeln kann und eher die Verhaltensweisen von Tieren als von Menschen annimmt.

Die Erforschung der Psyche, des Bewusstseins und unseres Körpers als Energiefeld würde meiner Meinung nach viel zu einer Weiterentwicklung der Medizin beitragen, und damit der Gesundheit mehr nutzen, als die Konzentration auf noch mehr technische Neuerungen. Das wichtigste Instrument einer ganzheitlichen Medizin ist die Hand des Mediziners. Die körperliche Untersuchung, das „Handauflegen" des Arztes darf nicht vernachlässigt werden. Vor allem Krankheiten mit starken psychischen Anteilen lassen sich nicht durch eine noch so ausgefeilte Apparatemedizin behandeln. Heute weiß man, dass andauernde Sorgen große Energiefresser sind und auf Dauer zu körperlichen Krankheiten führen. Das größte Übel ist die Angst, die sich in verschiedenen Formen zeigt: Sorge, Wut, Groll, Neid, Hass, Eifersucht, Schuldgefühle und Depression. Menschen im Zustand der Angst sind anfälliger für Infektionen, Verdauungsprobleme etc. Depressive Patienten haben eine um 45 % erhöhte Wahrscheinlichkeit, einen Hirnschlag zu erleiden, als Gesunde.

Es ist also äußerst wichtig, dass wir uns mit unseren Ängsten auseinandersetzen. Ängste zeigen negative, tiefe Frequenzen. Wenn wir unsere

Ängste verarbeiten und uns davon befreien können, erhöhen sich unsere Frequenzen. Das heißt, wir sind gesünder und glücklicher. Jede Änderung spiegelt sich im physischen Körper. Alle gesundheitlichen Probleme entstehen zuerst auf der energetischen Ebene. Das sollten wir endlich zur Kenntnis nehmen.

Wenn Gesundung nicht über einen Bewusstwerdungsprozess möglich ist, sucht das seelische Ungleichgewicht neue Möglichkeiten, sich im Körper auszudrücken. Mit der nichtinvasiven Methode der Magnetoenzephalographie lassen sich berührungslos Gedankenfelder aufzeichnen. Bei negativen Gedanken sind die Energiefelder nicht kohärent und wirken sich negativ auf den Körper aus. Die Information unserer Energiefelder sollten wir nicht länger ignorieren. Da alles mit allem in Verbindung steht, sind diese Energiefelder auch in Kontakt mit dem universellen Vakuum, dem Nullpunktfeld.

Probleme oder Krankheiten, die abgelehnt werden, vergrößern sich. In diesem Zusammenhang ist es wichtig, hinzuhören, um zu erfahren, was das gestörte Energiefeld uns sagen will – und dann mit Überzeugung Gesundheit zu visualisieren. Dazu hat sich die Arbeit in Gruppen bewährt, denn der gesunde Körper ist auf kohärente Energiefelder eingestellt.

Die Erforschung der Skalarwellen in der Medizin wäre ein sehr wichtiges Anliegen. Aus ihr ließe sich eine viel kostengünstigere Medizin ohne Nebenwirkungen entwickeln. Überhaupt sollte unsere Medizin das Konzept der Felder viel stärker in den Fokus nehmen und sich mit dem Aspekt beschäftigen, dass wir die Schöpfer unserer Realität sind. Was von der Außenwelt auf uns zukommt, können wir nicht ändern – unsere Reaktionen darauf jedoch schon.

Wir wissen heute, dass die sogenannte Epigenetik eine große Rolle in der Aktivierung von Genen spielt. Die Signale kommen aus dem Umfeld. Gene sind weniger determinierende Bausteine, als viel mehr Potenzial. Sie werden durch äußere und innere Impulse aktiviert. Jede Zelle ist ja ein kleines Sonnensystem mit kohärentem Licht. Wenn unsere Gedanken und Gefühle disharmonisch sind, wird dieses System gestört.

Schlägt das Herz gleichmäßig und geregelt, spricht man von einem kohärenten Rhythmus. Dieser Rhythmus, so wurde festgestellt, synchronisiert Gehirn, Organe und Drüsen. Liebe und Freude lösen kohärente Rhythmen aus, Ärger und Wut inkohärente. Teilweise erhält das Herz Informationen zuerst und gibt sie dann ans Gehirn weiter.[74]

Die Eigenschaften von Materie werden letztlich vom Feld bestimmt. Wir sind ein Energiefeld im großen Nullpunktfeld. Das Feld ist die einzige Kraft, die das Teilchen beeinflusst, sagt die neue Physik. Wenn man dem Körper befiehlt, gesund zu werden, und daran glaubt, korrigiert er das Energiefeld. Der Glaube sei, so Edgar Mitchell, unerlässlich für die Wirksamkeit der Medizin.

Ich kann es nicht häufig genug wiederholen: Die Zukunft der Medizin liegt im Verständnis, dass der Mensch ein energetisches Wesen ist, das seine Energiefelder durch seine Gedanken, Gefühle und kohärenten Magnetfelder harmonisieren kann. Dazu braucht es liebevolle menschliche Unterstützung.

Die Liebe ist die treibende Kraft im ganzen Universum. Ist die Seele heil, ist auch der Körper gesund.

Organtransplantation

Neuere Erkenntnisse belegen, dass auf der energetischen Ebene die Information der Seele – unsere Vorlieben, Abneigungen, unser Karma etc. – in jeder Körperzelle gespeichert ist. Bei einer Organtransplantation gehen alle diese individuellen Informationen auf den Empfänger über. Sie dringen sozusagen ungefragt in sein System ein. Dass unsere Gedanken auf unsere Zellen, die sich außerhalb unseres Körpers befinden, einen Einfluss haben, ist wissenschaftlich erwiesen und erschafft tiefgreifende Konsequenzen.

Warum vermutete Zustimmung zur Organentnahme ein NO GO ist

Organtransplantationen sind in mehrfacher Hinsicht ein komplexes Thema. Nicht nur im Hinblick auf die medizinischen Implikationen, sondern darüber hinaus auch auf einer energetischen Ebene. Ein besonders heikler Aspekt ist hier die Frage, ob eine Organentnahme ermöglicht werden soll, wenn keine explizite Einverständniserklärung vorliegt. Insgesamt ist mir wichtig, dass der Wille des Einzelnen respektiert wird. Daher darf meiner Ansicht nach ein nicht geäußerter Wille nicht als ein Ja interpretiert werden. Wir sollten das Recht haben, uns zu einer Angelegenheit, über die wir zu wenig wissen oder die uns nicht behagt, nicht äußern zu müssen, ohne dass dieser Umstand als stillschweigendes Einverständnis gesehen wird. Im Gegenteil, wir haben ein Recht darauf, über unseren Körper selbst zu bestimmen. Unter dieser Prämisse darf eine Organtransplantation nur erfolgen, wenn Spender und Empfänger ausdrücklich einverstanden sind. Weshalb ist das so wichtig? Um diese Frage zu beantworten, möchte Ihnen zwei kurz Beispiele schildern:

Bei einer Patientin von mir wurde eine Organtransplantation durchgeführt. Während dieses Eingriffs hatte sie eine Nahtoderfahrung mit vielen Elementen. Sie sah auch, wie man einem lebenden Mann ein Organ entnahm; ganz deutlich konnte sie das Loch in seinem Körper erkennen. Das löste Panik in ihr aus. Nach der OP hatte sie immerzu dieses Bild vor Augen. Weil sie befürchtete, auch ihr würden, während sie schlief, Organe entwendet werden, konnte sie nicht mehr einschlafen und litt seit Wochen unter Schlafmangel. Aus diesem Grund kam sie zu mir in die Therapie. Ich hörte dann von einem Juristen aus Deutschland, dass dies auch bei anderen Patienten vorgekommen sei.

Ein anderes Beispiel stammt aus dem Buch *Organspende* des niederländischen Pastors Hans Stolp, der jahrelang Sterbende begleitete:

Zack Dunlop erleidet 2007, im Alter von 21 Jahren, einen schweren Unfall. Nach der Aufnahme in der Klinik wird er von Ärzten für hirntot erklärt. Seine Eltern sind mit einer Organspende einverstanden. Doch einige Minuten, bevor die Operation für die Organentnahme beginnen soll, geschieht etwas Unglaubliches: Einer der Krankenpfleger, ein Verwandter von Zack, klappt sein Taschenmesser auf und fährt mit der Klinge über Zacks Fußsohle. Zu seiner blanken Überraschung zieht Zack seinen Fuß zurück. Als der Mann darauf heftig an seinen Fingernägeln zieht, reagiert Zack auch hierauf und bewegt sogar seine andere Hand, um diesen Schmerz abzuwehren. Die OP-Vorbereitungen werden umgehend eingestellt. Zack kommt langsam wieder zu Bewusstsein. Das erste, was er seiner Familie sagt, sind die drei Worte: *„Ich liebe Euch."*

Zack erzählt, dass er alles gehört habe, was die Ärzte gesagt, also auch, dass sie ihn für tot erklärt hatten. Er sagte: *„Ich war fuchsteufelswild, denn ich war nicht tot, doch mein Körper machte es mir unmöglich, mich zu regen. Wäre ich imstande gewesen, zu tun, was ich wollte, so wären die Fensterscheiben geplatzt."*

Da sehen wir schon das erste Problem: die Diagnose „Hirntot". Tot ist ein Mensch erst, wenn sein Herz nicht mehr schlägt und er erkaltet ist.

Es gibt viele Menschen, die eine Scheu davor haben, sich zu diesem Thema zu äußern, nicht nur in der Schweiz, auch in anderen Ländern. Mir ging es früher auch so. Wir Menschen sind ja im Allgemeinen hilfsbereit, doch viele spüren intuitiv, dass da viele Fragen noch nicht geklärt sind. Gibt es ein Leben nach dem Tod? Hat die Organspende eine Auswirkung auf den Verstorbenen?

Man kann diesen Fragen ein Leben lang ausweichen. Immer wieder wird abgewiegelt: „Es ist ja noch keiner zurückgekehrt." Obwohl wir alle

Zurückgekehrte sind – wir wissen es nur nicht mehr, das gehört zum Spiel in der materiellen Welt.

Aus der Psychosomatik wissen wir schon lange, dass menschliche Gefühle eine Auswirkung auf unsere Zellen haben. 1990 wurde dies dann auch von amerikanischen Forscher bestätigt. Eine der Fragen, die die Wissenschaftler sich stellten, war, ob diese Auswirkung auch dann an der DNS sichtbar ist, wenn diese Zellen nicht mehr Bestandteil unseres Körpers sind. Den Versuchspersonen wurde eine Gewebeprobe und DNS entnommen und in einem 500 km entfernten Raum untergebracht und beobachtet. Daraufhin wurden die Testpersonen wechselnden Gefühlen ausgesetzt, indem man ihnen z. B. Filme mit brutalen Kriegsszenen, erotischen Inhalten etc. zeigte. Das Ergebnis war erstaunlich: Wenn der Zellspender eine emotionale Erfahrung machte, änderte sich der Zellverband, auch wenn sich die Zellprobe nicht mehr in seinem Körper befand. Die DNS der Zellen reagierte so prompt, als wäre sie noch im Körper des Spenders.[75] Eine ähnliche Studie wurde 1992 bis 1995 am Institut of Heart

Math in Kalifornien durchgeführt – mit dem gleichen Resultat.

Ein Spender ist also mit den Zellen seiner Organe verbunden, auch wenn sie sich an einem anderen Ort befinden. Jetzt können Sie zwar sagen: „Der Spender ist ja verstorben, also gibt es ihn nicht mehr." Aber wissen Sie das so genau?

Doch anstatt sich über diese Befunde Gedanken zu machen, wird bereits der nächste Schritt ernsthaft diskutiert: Die Transplantation von Schweineherzen in den Menschen. Da wird eindeutig eine rote Linie überschritten. Das Herz ist das Zentrum des Menschen. Dort wird die Liebe wahrgenommen, wenn auch nicht unbedingt in den Herzmuskelzellen. Aber jede Zelle enthält und erhält alle Informationen des ganzen Lebens des Menschen, über Skalarwellen. Wollen wir nun die Informationen eines Schweins im Zentrum unseres Körpers haben, die dann auf alle anderen Zellen übertragen werden?

Materie ist Information und Leben ist Kommunikation, sagt die neue Physik. Das ist aber noch nicht alles. Ohne den Ätherkörper, d. h. ohne den Energiekörper, könnten wir nicht leben. Der verlässt bei Nahtoderfahrungen vorübergehend den physischen Körper, im Falle des Todes endgültig. Bei einem lebenden Organ jedoch ist der Ätherkörper immer vorhanden und wird automatisch mit dem Organ verpflanzt. Daher werden ja Organe auch nur von lebenden Menschen entnommen.

Durch die Verpflanzung eines Schweineherzens werden also alle Informationen des Schweinelebens auf den Patienten übertragen. Da wir die Liebe im Herz spüren – was passiert dann mit unserer Liebesfähigkeit? Eine solche Transplantation ist mit Sicherheit antievolutionär. Wir müssen endlich damit aufhören, derartige Eingriffe durchzuführen ohne die philosophischen Konsequenzen der Quantenphysik und die neuen Erkenntnisse aus der Biophysik zu berücksichtigen. Der Paradigmenwechsel muss endlich akzeptiert werden: Wir sind geistige Wesen die unter der Verzauberung der Materie träumen und jetzt aufwachen sollten, bevor wir unsere Menschlichkeit noch ganz verlieren. Chirurgen, die dem Menschen ein Schweineherz verpflanzen, wissen nicht, was sie tun!

Der Aufstieg in der Schöpfung gehe nur über das Herz, formuliert Jules Muheim. Wir hätten jedoch den (beschränkten) Verstand zum Zentrum gemacht. Damit sei der Absturz programmiert. Im „echten Naturgesetz" sei das Herz das Zentrum.

Ich verstehe jede Mutter, die möchte, dass ihr Kind lebt. Der Schmerz, ein Kind zu verlieren, ist sehr groß. Der Tod von Geliebten ist immer sehr schmerzlich. Aber der Tod ist nicht das Ende, er bedeutet einen Dimensionswechsel. Er kann die Betroffenen auch zum Nachdenken und Verarbeiten einer der schwierigsten Situationen auf der Erde bringen und damit das innere Wachstum fördern und das Bewusstsein erweitern. Wenn Angehörige, die sowieso schon miteinander verbunden sind, ein Organ spenden, ist es weniger problematisch. Dafür muss in der Regel auch niemand sterben.

Wir haben auch die Möglichkeit, mit einem geeigneten Medium einen Kontakt zu den Verstorbenen herzustellen. Dann ist die gegenseitige Freude groß und man sieht, dass sie sich immer noch um uns kümmern oder teilhaben an unseren Freuden.

Die neue Metaphysik

Metaphysik heißt: Das jenseits der Natur stehende. Die Metaphysik sucht die fundamentalen Voraussetzungen und erste Ursache allen Seins, die Gesetzlichkeiten und Prinzipien, Sinn und Zweck der Realität.

Nach der neuen Physik ist das Schwarz-Loch-Prinzip mit großer Wahrscheinlichkeit das schöpferische Prinzip im Universum. Anstelle des Urknalls wird ein erstes Schwarzes Loch diskutiert.

Nach Nassim Haramein und Elizabeth Rauscher befindet sich die biologische Zelle in der Mitte der *Scaling Law for all organized matter*, die nachweist, dass alle Strukturen im Universum, von der Planck-Länge bis zum Universum selbst, eine perfekte fraktale Skalierung auf Grundlage der Schwarzschildgleichung darstellen, die üblicherweise für die Beschreibung der Schwarzen-Löcher verwendet wird. Die Struktur des universellen Vakuums ist also die Schwarz-Loch-Struktur. Wir transferieren Informationen durch unsere eigenen Grenzen in die Unendlichkeit des eigenen Universums. Jeder ist ein Zentrum der Schöpfung. Wir sind nie außerhalb. Unser Körper besteht ja aus Billionen von Zellen, die kleinen Sonnensystemen gleichen und Schwarz-Loch-Charakter aufweisen.

Leben ist Kommunikation. Wir sind unbewusst in dauernder Kommunikation mit dem Universum, d. h., wir geben unsere Informationen (was wir denken, fühlen und tun) als Rauschen unserer Aura ans Universum ab. Und das Universum antwortet. Um jedoch von den überbordenden Informationen nicht überfordert zu werden, arbeitet unser Gehirn als Frequenzanalysator, der wie ein Filter wirkt und das unendliche universale Info-Bombardement in einem für uns erträglichen Rahmen hält. Wenn jedoch das dritte Auge offen ist, welches auch der Physiker Jules Muheim beschrieben hat und das er mathematisch ableiten konnte, haben wir eine Antenne für viel mehr und höhere Frequenzen.

Nach Werner Heisenberg gibt es keine kleineren, fundamentaleren Teilchen. Die letzten Bausteine der Materie sind mathematische Gebilde – die kleinsten Quanten des Lichts sind die Photonen. Nach Charon u. a. läuft jeder Erkenntnisprozess über die Photonen in den Elektronen oder im Licht ab. Wird beim Doppelspaltexperiment Elektronenstrahlung verwendet, machen die Elektronen das, was der Experimentator erwartet, auch wenn es nicht ins Konzept passt.

Wer hat die mathematischen Gebilde erfunden? Von wo kommen die Kräfte in jedem Atom und im ganzen Universum? Wir entdecken diese Gesetze und Kräfte, wir sind Teil dieses Systems, wir sind auch schöpferisch, personifiziert, aber wir haben die Urkraft und das Urlicht (Bewusstsein) nicht geschaffen, wir entstammen ihnen. Die physikalisch-mathematischen Gesetze sind ein Abglanz oder Abdruck des göttlichen Geistes, des göttlichen Gedankens. Wir sind Kinder der Erde und der Sonne, aus deren Stoff und Intelligenz. Der Schöpfer hat sich in eine halb stellare, halb feste, materielle Substanz gekleidet. Wir sind ein Teil von ihm und erwachen im sichtbaren Kosmos. Der Eine erwacht in der Vielheit. Dass wir aus den Atomen unseres Planeten aufgebaut sind, aus Atomen die durch Fusionen in einer Supernova entstanden sind, können alle Menschen sehen. Dass unser Geist aber ein Teil des personifizierten Geistes der Sonne ist, der zum Christus-Geist gehört, weil die manifestierte Welt die Welt des Sohnes Gottes ist, ist schon sehr viel schwieriger zu verstehen. Ich habe erlebt, dass mein wahres Selbst ein Teil dieses personifizierten Geistes der Sonne ist. Das haben vor mir auch andere so erlebt: Saulus beispielsweise, oder Teilhard de Chardin. Letzterer formulierte es so: *„Ich glaube, das Universum ist eine Evolution. Ich glaube, die Evolution geht in Richtung des Geistes. Ich glaube, im Menschen vollendet sich der Geist im Personalen. Ich glaube, das höchste Personale ist der Christus-Universalis."*[76] Außerdem sagte er, die Sonne gehe über dem Altar der Erde auf. Das Symbol der Sonne war schon im Altertum ein Kreis mit einem Punkt in der Mitte, ein Symbol des Ich-Bin.

Ich bin überzeugt, dass Teilhard de Chardin diesen Christus-Geist in der Sonne erlebt hat, sonst könnte er nicht so bestimmt vom Christus-Universalis sprechen. Aber die „aufgeklärte Wissenschaft" und die Kirche haben das nicht verstanden. So konnte Teilhard de Chardin leider nicht alles veröffentlichen. Für mich ist der Christus-Universalis das Christus-Bewusstsein. Der Mensch hat das Potenzial, in diesem Bewusstsein zu erwachen. Teilhard sagt indirekt, dass sich der menschliche Geist im Christus-Universalis vollendet. Und Jesus Christus betonte, er komme wieder und wir würden ihn dann nicht mehr zurückweisen. Das heißt, wir erhalten das Christusbewusstsein, wenn wir bereit dafür sind.

Wenn laut Teilhard das Universum eine Evolution ist, bezieht sich das auf die Ausdehnung und die Dynamiken der Galaxien und auf die Entwicklung der biologischen Körper, vor allem aber auf die Entwicklung des Gehirns. Das Gehirn steht in einer dauernden Wechselwirkung mit dem Ego. Das postulierte vor hundert Jahren schon Rudolf Steiner – und das sagen die Neurowissenschaftler und die Psychosomatiker heute. Freude beim Lernen trägt dazu bei, dass sich die Synapsen der Nervenzellen vermehren und ausgedehntere Pfade bilden, während sie sich bei Depressionen vermindern.

Das Ich arbeitet am Gehirn. Je mehr das passiert, desto weiter wird das Bewusstsein – und desto mehr vom Christus-Universalis kann der Mensch begreifen. Das Gehirn kann dann mehr Informationen aus dem Nullpunktfeld aufnehmen. Das Ego weitet sich aus und in den schon immer vollkommenen Christus-Universalis hinein. Wenn wir den Christus voll in uns leben können, haben wir das Ziel erreicht und die Erkenntnis, dass wir der Christus-Universalis sind.

Selbsterkenntnis ist der Weg. Nichtlokalität und Resonanz bilden die Schlüssel zur Funktionsweise der Psyche. Wir werden uns durch die Erfahrung mit anderen Menschen immer bewusster. Auch durch Lernen und Wissen wird unser Bewusstsein erweitert. Geist ist Intelligenz und Liebe. Das Ich-Bin steuert den Geist. Das Ich-Bin der Sonne steuert alles in unserem Sonnensystem, auch die Biophotonen in unseren Zellen. Nach Meyl beeinflusst die Sonne möglicherweise auch den Takt für den Herzrhythmus. Die Evolution geht in Richtung mehr kohärentes Licht, höhere Frequenz der Atome, d. h. Kommunikation mit dem göttlichen Licht. Die Erfahrung ist das A und O in unserem Leben. Wir speichern alles in unseren Spiegelneuronen und im Äther und lernen aus vielen Erfahrungen. Manchmal behindern wir uns auch, indem wir Erfahrungen aus der Vergangenheit in die Gegenwart projizieren. Das Momentum der Gegenwart ist aber verschieden von der Vergangenheit (daher finde ich Algorithmen für die Prognose auch gefährlich, weil sie auf der Vergangenheit basieren). Deshalb ist es wichtig, darauf zu achten, auf was wir mit Resonanz antworten. Wir müssen unser Denken wieder korrigieren und den neuen Begebenheiten anpassen. Das ist unser Entwicklungsprozess. Durch unsere Erfahrungen und Erkenntnisse verändern sich die Vorstellungen von unserer Welt, von einer Welt, von der wir nie getrennt sind.

Der große Einstein sagte: *„Durch bloßes logisches Denken vermögen wir keinerlei Wissen über die Erfahrungswelt zu erlangen; alles Wissen über die Wirklichkeit geht von der Erfahrung aus und mündet in ihr."*[77] Wie recht hat er.

Je mehr wir über uns und die Welt wissen, desto mehr wissen wir vom Schöpfer. Die Trennung Materie-Geist ist die größte Illusion. Deswegen habe ich mich als Psychiaterin auch mit Physik befasst und bin zum Schluss gekommen, dass – ganz den Erkenntnissen der neuen Physik folgend – Licht Information, Intelligenz und Materie durch die physikalischen Gesetze gebundene Lichtliebe ist, mit dem sich unser Licht in dauernder Verbindung befindet. Wir bemerken das aber erst vollständig, wenn wir uns im Christus-Universalis befinden. Das geschieht unter anderem bei Nahtoderfahrungen. Die Quantenphysik zeigt uns, dass es verschiedene Realitäten gibt, die aber miteinander verbunden sind. Je mehr sich unser Bewusstsein weitet, desto mehr Realitäten werden uns bewusst.

Die Nahtoderfahrungen zeigen uns sowohl den Dimensionswechsel durch das „Schwarze-Loch" in die Region des Christus-Universalis, als auch durch den Lebensrückblick, auf was es im Leben ankommt: auf die Motivation aus Liebe. Darüber hinaus zeigen sie uns auch, was wir noch nicht begriffen haben. Es sind immer die Erfahrungen, die uns lehren. Doch wenn wir zu viel bewerten, werden wir unglücklich. Das ist ein großes Problem, weil wir mit Bewertungen aufgewachsen sind. Wir müssen neu lernen, Gut und Böse als verschiedene Erfahrungen anzusehen, die wir nur in dieser beschränkten Dimension erleben können. Wir entwickeln dabei Mitgefühl und integrieren unseren Schatten. Daher ist es sehr wichtig, dass wir uns nicht immer bewerten und abwerten. Doch Minderwertigkeitsgefühle sind stark verbreitet und führen zu Aggression und Depression. Wenn wir jedoch wissen, dass wir ein Teil des Schöpfers sind und uns mutig in die materielle Welt inkarniert haben, ist jeder Minderwert unangebracht.

Wir könnten uns auch fragen, warum wir uns auf dieser Erde so abrackern. Auch wenn es uns schwerfällt, das zu verstehen – wir wollten es. Wir entwickeln hier eine Persönlichkeit und machen Erfahrungen, die nur in einem biologischen Körper möglich sind. Durch unsere Arbeit an uns erwacht der Christus-Universalis in der Biologie. Der Schöpfer erfährt sich in uns. Das Geburtsrecht aller, die am göttlichen Bewusstsein teilhaben, ist die Fülle. Jeder muss sich immer wieder entscheiden – für Liebe und Vertrauen oder Angst. In Christus gibt es keine Angst. Er kann nur in den Herzen, die sich in der Liebe zu ihm öffnen, erwachen. Es ist daher sehr wichtig, dass wir unsere Ängste klären. Sie gehören zu unserem Schatten, der angeschaut und nicht verurteilt, sondern angenommen werden muss. Sie gehören zu den Schlacken unserer Evolution. Wenn wir unsere Ängste abgebaut haben und uns der Freude und Liebe öffnen können, uns selbst lieben und wertschätzen, zeigt uns der Spiegel dies auch.

Unser Geburtsrecht ist Freude zu erleben, doch dafür müssen wir uns entscheiden. Wenn jeder dem anderen das Beste gönnt, leben wir in der Fülle (*America first* ist nicht der Weg, sondern die alte Aufforderung: Liebe Deinen Nächsten wie dich selbst).

Die Entwicklung, die jetzt ansteht, ist die vom Kopfdenken zum Herzdenken. Wir mussten zunächst lernen, selbstständig zu denken. Nun muss unser Denken flexibel werden, offen für das Hintergründige, das Ungewohnte, das Geistige. Nur wenn unsere Gedanken und Gefühle hochfrequenter werden, wenn die Intelligenz des Herzens wächst, können wir unser Bewusstsein in das Christusbewusstsein ausweiten. Materialistisches Denken wirkt hingegen antievolutionär.

Buddha und Jesus lehrten uns Mitgefühl, dies ist unser Geschenk ans Universum. Durch Methoden wie *Die Kraft der Acht* können wir unser Potential besser nutzen und die Entwicklung in eine positive Richtung beeinflussen. Gedanken allein wirken nicht direkt auf die Materie, das Bindeglied ist das Gefühl. Wenn wir mit unseren Gedanken heilen oder positive Ideen verwirklichen wollen, brauchen wir Liebe und Begeisterung. Erst dann werden sich die Gedanken in der materiellen Welt verwirklichen.[78] Ich glaube, was über das Christus-Bewusstsein (liebevolles Bewusstsein) hinaus geht, können wir, solange wir auf der Erde sind, nicht fassen.

Es geht alles um Liebe und Wissen. Ich hoffe, dass ich mit diesem kleinen Buch meinen Beitrag leisten und den einen oder anderen Menschen zu einem tieferen Verständnis, zu höherer Bewusstheit, einem umfassenderen Gefühl von Verantwortung und vor allem zur Liebe inspirieren konnte.

Wachen wir also auf.

Danksagung

Ich möchte Annette Eigenmann für ihr Interesse und ihre Anteilnahme danken, ebenso dem Lektor Stephan Bartlakowski für seine unverzichtbare und gute Zusammenarbeit. Außerdem allen Autoren die mich inspiriert haben und den Patienten, die mich zu diesem nicht einfachen Buch motiviert haben. Herzlichen Dank.

Nachwort

Als Psychiaterin stehe ich für eine Erweiterung des biopsychosozialen Menschenbildes durch die Spiritualität ein. Die Dimension der Spiritualität ist die Krone der Menschheit. Sie macht das Hintergründige und den Sinn des Lebens sichtbar. Die Quantenphysik ist eine Hochenergiephysik. Sie macht das Hintergründige der Materie evident, die tiefere, wahre Realität. Sie zeigt unter anderem das Phänomen der Verschränkung und Nichtlokalität. Alles ist mit allem verbunden, ist Kommunikation. Materie ist Information, verdichtetes Licht, gefrorener Geist. Unser Ich-Bin ist in dauernder Kommunikation mit der Materie und dem Nullpunktfeld. Wir haben unseren Einfluss auf das Universum immer unterschätzt. Wir sind ein Teil von ihm und die wahre Essenz von allem, was ist, besteht aus Intelligenz und Kraft, Licht und Liebe. Unser Ich-Bin ist ein Teil des Schöpfer-Ich-Bin. Es ist das Ganze und wir der mit ihm verbundene Teil. Indem wir die Frequenzen unserer Lichtliebe erhöhen, können wir uns als Teil Gottes erkennen. Das ist wichtig, um die richtigen Prioritäten im Leben, in der

Forschung, Wirtschaft, Medizin, Schule – in allen gesellschaftlichen Bereichen – zu setzen.

Wir verwenden unser geistiges Potential noch zu wenig, da liegen viele Ressourcen aus Unwissenheit brach. Auch in Beziehungen verwenden wir unser geistiges Potential nicht auf dem Niveau, das uns möglich wäre. Das, was alle Menschen verbindet, ist wärmende Menschlichkeit, ist Liebe, die heilt.

Wärmende Menschlichkeit und Liebe wären die wichtige Ergänzung zur Roboter-Medizin, die sich vor allem in der Chirurgie immer mehr breitmacht. Nicht wenige Ärzte, Assistenten und Pfleger „fliehen" aus den Kliniken, weil die technischen Untersuchungen und Behandlungen sie vom Patienten entfernen. Ich erinnere mich an das Praktikum in innerer Medizin, in dem ich fast nur mit Untersuchungen und Berichten beschäftigt war. Obwohl wir damals noch viel „von Hand" gemacht haben, entschloss ich mich, Psychiaterin zu werden, um mehr Zeit für die Kommunikation mit Patienten zu haben.

In der Medizin gibt es viele gute und kontrollierbare technische Innovationen, wie z. B.

das MRI, den Ultraschall etc. Jedoch künstliche Intelligenz im engeren Sinne, die selbst denkt, unter Kontrolle zu halten, ist eine Illusion. Die Technik sollte uns dienen, nicht wir der Technik. Roboter können den Arzt und allgemein menschliche Nähe nie ersetzen. Was heilt, ist schlussendlich die Liebe. Wie der Physiker Jules Muheim mir sagte, geht der Aufstieg in der Schöpfung nur über die Liebe.

In unserer 3-D-Welt träumen wir seit Jahrtausenden unter der Verzauberung der Materie. Wenn wir aufwachen, wie es in den letzten hundert Jahren da und dort passierte, wissen wir wieder, wer wir sind: ein Funke aus Licht und Liebe, eine Melodie Gottes. Durch die Spiritualität der letzten hundert Jahre hat sich das Bewusstsein bereits enorm erweitert – und zugleich ist noch viel zu tun.

Wir haben den freien Willen und müssen uns bewusst sein, für was wir ihn einsetzen, was unser Ziel ist. Dafür brauchen wir unser Licht (Wissen) und unsere Liebe. Sie sind unsere Schätze, die wir eines Tages in die Sphären des Nullpunktfeldes – ins Jenseits – mitnehmen.

Literatur

20min.ch: Fachleute alarmiert, Hacker-Risiko bei Autos so hoch wie nie, https://www.20min.ch/finance/news/story/Hacker-Risiko-bei-Autos-so-hoch-wie-nie-10278453 (zuletzt aufgerufen am 03.04.19)

Aïvanhov, Omraam Mikhaël: Weihnachten und Ostern in der Einweihungslehre, Prosveta, 1983

Alexander, Eben: Blick in die Ewigkeit – Die faszinierende Nahtoderfahrung eines Neurochirurgen, Ansata, 2013

Bitterli-Fürst, Bruno: Tod und Leben (Mit Betrachtungen aus dem Jenseits von Elisabeth Kübler-Ross), Ravare 2009

Blanke, Olaf; Ortigue, Stephanie; Landis, Theodor; Seeck, Margitta: Stimulating Illusory Own Body Perceptions, Nature 419 (2002) 269–70; https://www.nature.com/articles/419269a (zuletzt aufgerufen am 25.02.19)

Braden, Gregg: Im Einklang mit der göttlichen Matrix – Wie wir mit allem verbunden sind, KOHA, 2007

Camejo, Silvia Arroyo: Skurrile Quantenwelt, Springer, 2006

Charon, Jean E.: Tod, wo ist dein Stachel? Die Unsterblichkeit des Bewusstseins, Ullstein, 1983
—: Der Geist der Materie, Ullstein, 1982

de Chardin, Pierre Teilhard: Werke, Bd. 10, Walter-Verlag, Olten und Freiburg im Breisgau 1972
—: Mein Glaube, Walter, 1988
Dürr, Hans-Peter: Es gibt keine Materie, Crotona, 2016
—: Physik und Transzendenz – Die großen Physiker unserer Zeit über ihre Begegnung mit dem Wunderbaren, Driediger, 2018

Eccles, (Sir) John: Die Evolution des Gehirns – die Erschaffung des Selbst, Piper, 1989
Einstein, Albert; Seelig, Carl (Hrsg.), Mein Weltbild, Ullstein, 2005

Goldhahn, Jörg; Rampton, Vanessa; Spinas, Giatgen A.: Could artificial intelligence make doctors obsolete?, Schweiz Ärztezeitung, 100(08), 2019, S. 242–244, https://saez.ch/article/doi/saez.2019.17596 (zuletzt aufgerufen am 01.04.19)
Görnitz, Thomas: Eine Entgegnung auf den Artikel „Am Anfang war das Bit", in: NZZ vom 16.02.19, https://www.nzz.ch/wissenschaft/am-anfang-war-das-bit-eine-entgegnung-auf-eduard-kaeser-ld.1458377 (zuletzt aufgerufen am 27.03.19)

Greaves, Helen: Zeugnis des Lichts – Ein Erfahrungsbericht vom Leben nach dem Tod, Anthos, 1982

Grinberg-Zylberbaum, Jacobo; Ramos, Julieta: Patterns of Interhemispheric Correlation During Human Communication, International Journal of Neuroscience, 36:1–2, 1987, S. 41–53, https://www.tandfonline.com/doi/abs/10.3109/0020 7458709002138 (zuletzt aufgerufen am 31.03.19)

Haisch, Bernhard: Die verborgene Intelligenz im Universum, Crotona, 2015

Haramein, Nassim: Quantum Gravity and the Holographic Mass, Physical Review & Research International, ISSN: 2231-1815, Vol. 3, Issue. 4 (October–December 2013), S. 270–292, http://www.sciencedomain.org/abstract/1298#.UlR 5alDXSLh (Zuletzt aufgerufen am 03.04.19)

—: Die Entschlüsselung des Universums – Der Schlüssel kam zur rechten Zeit, Hesper, 2011

Haramein, Nassim; Rauscher, E.A.; Hyson, M.: Scale Unification – A Universal Scaling Law for Organized Matter, Proceedings of the Unified Theories Conference, 2008, https://resonance.is/wp-content/uploads/SU.pdf (zuletzt aufgerufen am 03.04.19)

Heisenberg, Werner: Ordnung der Wirklichkeit, Piper, 1989

Kayser, Rainer: Mysteriösen Röntgenausbrüchen auf der Spur, https://www.weltderphysik.de/gebiet/universum/news/2016/mysterioesen-roentgenausbruechen-auf-der-spur (zuletzt aufgerufen am 25.02.19)

König, Michael: Das Urwort – Die Physik Gottes, Scorpio, 2010

Kübler-Ross, Elisabeth: Was der Tod uns lehren kann, Knaur MensSana, 2010

—: Über den Tod und das Leben danach, Silberschnur, 1984

Laszlo, Ervin: If your Brain is a Quantum Computer, can it connect you to the World? https://www.huffingtonpost.com/ervin-laszlo/if-your-brain-is-a-quantu_b_497116.html?guccounter=1&guce_referrer_us=aHR0cHM6Ly93d3cuZ29vZ2xlLmNvbS8&guce_referrer_cs=Db0hU-Gv69Hbw0dhewP-yw (zuletzt aufgerufen am 14.02.19)

—: Was ist Realität? Die Neue Karte von Kosmos und Bewusstsein, Mosquito, 2018

Lipton, Bruce H.; Bhaerman, Steve: Spontane Evolution – Unsere positive Zukunft und wie wir sie erreichen, KOHA, 2009

Long, Jeffrey; Perry, Paul: Beweise für ein Leben nach dem Tod – Die umfassende Dokumentation von Nahtoderfahrungen aus der ganzen Welt, Goldmann, 2010

Matloff, L. Gregory: Stellar Consciousness – Can Panpsychism Emerge as an Observational Science? http://www.gregmatloff.com/Edge%20Science%20Matloff-ES29.pdf (zuletzt aufgerufen am 27.02.19)

McTaggart, Lynne: Das Nullpunkt-Feld – Auf der Suche nach der kosmischen Ur-Energie, Goldmann, 2007

—: Die Kraft der Acht: Wie die Intention einer kleinen Gruppe unser Leben heilen und die Welt verändern kann, Trinity, 2018

Meierhans, Hedi: Hinter den Kulissen der Welt, ewige Ruhe?, tao.de in Kamphausen Media GmbH, 2014

Merali, Zeeya: Es gibt keine Schwarzen Löcher, https://www.spektrum.de/news/stephen-hawking-es-gibt-keine-schwarzen-loecher/1222059 (zuletzt aufgerufen am 03.04.19)

Meyl, Konstantin: Skalarwellen in der Medizin, Komplementäre und integrative Medizin (KiM), Ärztezeitschrift für Naturheilverfahren, Schwerpunktheft Energiemedizin der KiM (7/2007), https://www.k-meyl.de/go/Primaerliteratur/Skalarwellen-in-der-Medizin.pdf (zuletzt aufgerufen am 31.03.19)

Michel, Peter: Karma und Gnade, Aquamarin, 2002

Mitchell, Edgar; Williams, Dwight: Wege ins Unerforschte, Lüchow, 1997

Moorjani, Anita: Heilung im Licht – Wie ich durch eine Nahtoderfahrung den Krebs besiegte und neu geboren wurde, Goldmann Arkana, 2012

Muheim, Jules: Telefongespräch und Dokumente, ETH Zürich 1993

Müller, Andreas: Neue Gravitationswelle bricht alle Rekorde, https://www.spektrum.de/magazin/vier-neue-gravitationswellen-von-schwarzen-loechern/1614914 (zuletzt aufgerufen am 03.04.19)

Newhouse, Flower A.: Christus-Bewusstsein und der Weg in die Stille, Aquamarin 2007

Penfield, Wilder: The Mystery oft the mind: A critical Study of Consciousness and the Human Brain, Princeton University Press, 1975

Planck, Max: Religion und Naturwissenschaft (Vortrag, gehalten im Baltikum, Mai 1937), https://psychomedizin.com/medien/pdf/max-planck.pdf, S. 12 (zuletzt aufgerufen am 03.04.19)

—: Das Wesen der Materie (Vortrag, gehalten in Florenz, 1944) In: Archiv zur Geschichte der Max-Planck-Gesellschaft, Abt. Va, Rep. 11 Planck, Nr. 1797

—: Physikalische Abhandlungen und Vorträge Band III, Friedrich Vieweg & Sohn, 1958

Popp, Fritz-Albert: Biophotonen – Neue Horizonte in der Medizin. Von den Grundlagen zur Biophotonik, Karl F. Haug, 1987

Pribram, Karl H.: Brain and Perception: Holonomy and Structure in Figural Processing, Psychology Press, 1991

Ring, Kenneth; Cooper, Sharon: Wenn Blinde sehen. Mindsight – Nahtoderfahrungen von Blinden, Santiago, 2011

Ritchie, George; Sherrill, Elizabeth: Rückkehr von morgen, Francke, 2010

Rudenko, A.; Inhester, L. et al.: Röntgenblitze erzeugen molekulares Schwarzes Loch, http://www.desy.de/aktuelles/news_suche/index_ger.html?openDirectAnchor=1232&two_columns=0 (zuletzt aufgerufen am 11.02.19)

Samanta-Laughton, Manjir: Punk Science – Inside the Mind of God, Iff Books, 2006

Servan-Schreiber, David: Die Neue Medizin der Emotionen – Stress, Angst, Depression – Gesund werden ohne Medikamente, Goldmann, 2006

Speicher, Christian: Die Nachweise von Gravitationswellen häufen sich, https://www.nzz.ch/wissenschaft/gravitationswellen-verschmelzung-von-schwarzen-loechern-ld.1441810 (zuletzt aufgerufen am 03.04.19)

Steiner, Rudolf: Das Sonnenmysterium und das Mysterium von Tod und Auferstehung – Exoterisches und esoterisches Christentum, Rudolf Steiner Verlag, 1963

Stolp, Hans: Michael – Der Erzengel des Neuen Zeitalters, Aquamarin, 2018

—: Die ersten drei Tage im Jenseits – Was die Seele unmittelbar nach dem Ablegen des Körpers durchlebt, Aquamarin, 2018

—: Organspende: Übertragen Organe Bewusstsein?, Crotona, 2016

—: Der kosmische Lebensplan – Der Führung der Seele vertrauen, Aquamarin, 2017

Stolp, Hans; van den Brink, M.: Begegnungen im Lichtreich – Über den bleibendenden Kontakt mit jenen, die bereits in eine lichte Welt vorausgegangen sind, Aquamarin, 2015

Storm, Howard: Mein Abstieg in den Tod … und die Botschaft der Liebe, die mich von dort zurückbrachte, Santiago, 2008

Taylor, Jill B.: Mit einem Schlag, Knaur MensSana, 2010

van Lommel, Pim: Endloses Bewusstsein – Neue medizinische Fakten zur Nahtoderfahrung, Patmos 2011

Weber, Renée (Hrsg.): Wissenschaftler und Weise, Rowohlt, 1992

Wohlleben, Peter: Das geheime Leben der Bäume. Was sie fühlen, wie sie kommunizieren – die Entdeckung einer verborgenen Welt, Ludwig, 2015

Zeilinger Group: „Spukhafte Fernwirkung" nachgewiesen,

https://coqus.at/details/news/spukhafte-fernwirkung-nachgewiesen/?cHash=1b757e29eef3e201a747a11a2e86eefe&tx_news_pi1%5Baction%5D=detail&tx_news_pi1%5Bcontroller%5D=News (zuletzt aufgerufen am 24.02.19)

Anmerkungen

---

[1] Haramein: Die Entschlüsselung des Universums

[2] Vgl.: A. Rudenko, L. Inhester et al.: Röntgenblitze erzeugen molekulares Schwarzes Loch

[3] Mitchell Edgar: Wege ins Unerforschte, S. 159

[4] Aus einer Vorlesung von Heisenberg über Physik und Philosophie 1967, Originalaufnahme

[5] Vgl.: https://de.wikipedia.org/wiki/Doppelspaltexperiment und https://de.wikipedia.org/wiki/Claus_J%C3%B6nsson (zuletzt aufgerufen am 14.02.19)

[6] Vgl.: Camejo: Skurrile Quantenwelt, S. 2

[7] Ebd., S. 15

[8] Görnitz: Eine Entgegnung auf den Artikel „Am Anfang war das Bit

[9] Ebd., S. 16

[10] Laszlo: If your Brain is a Quantum Computer, can it connect you to the World?

[11] Siehe: Popp: Biophotonen – Neue Horizonte in der Medizin

[12] Planck: Religion und Naturwissenschaft

[13] Vgl.: https://de.wikipedia.org/wiki/Äther_(Physik)#Äther_und_moderne_Physik (zuletzt aufgerufen am 06.01.19)

[14] Haramein: Die Entschlüsselung des Universums, S. 71

[15] Vgl.: Zeilinger Group, „Spukhafte Fernwirkung" nachgewiesen

[16] Meyl: Videos mit Vorträgen. Skalarwellen in der Medizin

[17] Vgl.: McTaggart: Das Nullpunkt-Feld

[18] Ebd.

[19] Vgl.: Pribram: Brain and Perception

[20] Planck: Das Wesen der Materie

[21] Ebd.

[22] Charon: Tod, wo ist dein Stachel?, S. 21

[23] Ebd., S. 86

[24] Haramein: Die Entschlüsselung des Universums, S. 71

[25] Vgl.: Rudenko, Inhester et al.: Röntgenblitze erzeugen molekulares Schwarzes Loch

[26] Ebd.

[27] Vgl.: König: Das Urwort – Die Physik Gottes

[28] Meyl: Videos mit Vorträgen

[29] Popp: Biophotonen – Neue Horizonte in der Medizin
[30] Vgl.: McTaggart: Das Nullpunkt-Feld
[31] Ebd.
[32] Aïvanhov: Weihnachten und Ostern in der Einweihungslehre, S. 135
[33] Vgl.: Haramein: Die Entschlüsselung des Universums, S. 84
[34] Siehe: Meierhans, Hinter den Kulissen der Welt, ewige Ruhe?
[35] Kayser, Mysteriösen Röntgenausbrüchen auf der Spur
[36] Zur Erinnerung für alle, die die Geschichte um die Entdeckung des Archimedischen Prinzips nicht vor Augen haben: https://de.wikipedia.org/wiki/Archimedisches_Prinzip#Entdeckung_des_archimedischen_Prinzips (zuletzt aufgerufen am 08.10.18)
[37] Charon: Tod, wo ist dein Stachel?
[38] Zit. Nach: Weber, Wissenschaftler und Weise, S. 117
[39] Muheim: Telefongespräch und Dokumente
[40] Planck: Physikalische Abhandlungen und Vorträge Band III, S.189
[41] Charon: Tod, wo ist dein Stachel?, S. 218
[42] Ebd.

[43] Ebd., S. 231

[44] Ebd., S. 246

[45] Siehe: Haramein: Die Entschlüsselung des Universums, S. 66

[46] Ebd., S. 51

[47] Ebd., S 35f

[48] Siehe: Haramein: Die Entschlüsselung des Universums

[49] Vgl.: Merali: Es gibt keine Schwarzen Löcher

[50] In: Die Welt vom 02. Mai 2016

[51] Ebd.

[52] Greaves, Zeugnis des Lichts, S. 88

[53] Vgl.: Speicher: Die Nachweise von Gravitationswellen häufen sich; oder auch: Müller: Neue Gravitationswelle bricht alle Rekorde

[54] Haramein: Die Entschlüsselung des Universums, S. 51

[55] Ebd., S. 35f

[56] Der LIGO-Detektor (LIGO = **L**aser **I**nterferometer **G**ravitational-**W**ave **O**bservatory) ist ein aus zwei Observatorien bestehendes Gravitationswellen-Observatorium in den USA. (Siehe: https://de.wikipedia.org/wiki/LIGO, zuletzt aufgerufen am 20.01.19)

[57] Grinberg-Zylberbaum, Ramos: Patterns of Interhemispheric Correlation During Human Communication

[58] Vgl.: McTaggart: Das Nullpunkt-Feld

[59] Meyl: Skalarwellen in der Medizin

[60] Vgl.: https://de.wikipedia.org/wiki/Nucleus_suprachiasmaticus (zuletzt aufgerufen am 21.01.19)

[61] Siehe: Matloff: Stellar Consciousness – Can Panpsychism Emerge as an Observational Science?

[62] Ebd.

[63] Aus: Long: Beweise für ein Leben nach dem Tod

[64] Greaves: Zeugnis des Lichts, S. 88

[65] Vgl.: Haramein: Die Entschlüsselung des Universums

[66] Blanke, Ortigue et al.: Stimulating Illusory Own Body Perceptions

[67] Eccles: Die Evolution des Gehirns, S. 389

[68] Vgl.: https://de.wikipedia.org/wiki/Brain_code (zuletzt aufgerufen am 05.02.19)

[69] 20min.ch: Fachleute alarmiert, Hacker-Risiko bei Autos so hoch wie nie

[70] Goldhahn, Rampton et al.: Could artificial intelligence make doctors obsolete?

[71] Siehe: Wohlleben: Das geheime Leben der Bäume

[72] Vgl. McTaggart: Das Nullpunkt-Feld
[73] Ebd.
[74] Vgl.: Servan-Schreiber: Die Neue Medizin der Emotionen
[75] Siehe: Braden: Im Einklang mit der göttlichen Matrix
[76] de Chardin: Werke, Bd. 10, S. 116.
[77] Einstein, Seelig (Hrsg.): Mein Weltbild, S. 127
[78] Vgl.: Aïvanhov: Weihnachten und Ostern in der Einweihungslehre